红色记忆® 44

骁勇善战八路军

海南省文化交流促进会　编著

南海出版公司

2015 · 海口

图书在版编目（CIP）数据

红色记忆 . 44，骁勇善战八路军 / 海南省文化交流促进会编著 . — 海口：南海出版公司，2015.10（2025.1 重印）
ISBN 978-7-5442-8151-5

Ⅰ . ①红… Ⅱ . ①海… Ⅲ . ①革命传统教育—中国—青少年读物 Ⅳ . ① D642-49

中国版本图书馆 CIP 数据核字（2015）第 260230 号

HONGSE JIYI · 44——XIAOYONG SHANZHAN BALUJUN

红色记忆 · 44——骁勇善战八路军

作　　者　海南省文化交流促进会
总 策 划　刘　栋
顾　　问　贾延岩
执行总编　任在齐
责任编辑　聂　敏
封面设计　郑广明
排版印务　夏君香
发行总监　杨成春
出版发行　南海出版公司　电话：（0898）66568505
社　　址　海南省海口市海秀中路 51 号星华大厦五楼　邮编：570206
电子信箱　nhpublishing@163.com
经　　销　新华书店
印　　刷　天津睿意佳彩印刷有限公司
开　　本　787 毫米 ×1092 毫米　1/16
印　　张　6.25
字　　数　112 千字
版　　次　2015 年 10 月第 1 版　2025 年 1 月第 2 次印刷
书　　号　ISBN 978-7-5442-8151-5
定　　价　39.80 元

序

对历史无知的人，没有真正的信仰可言；没有信仰的人，不可能拥有美好的理想，不可能胸怀崇高的情感，也就不可能担负起任何责任。用欲望文化代替历史教育，足以使一个国家的青年被腐蚀、使一个民族的希望被毁掉，使这个国家和民族被永世万代地奴役！

鉴于此，我们呼唤历史，唤回那段属于二十世纪的“红色”历史，唤回那段炮火硝烟、颠沛流离的历史，唤回那冲天的狼烟留下的悲壮回忆、岁月年轮沉淀的斑驳痕迹。历史不应该被忽略，更不应该被遗忘，牢记那段革命战争年代的红色历史更是责任。为了那些不应该被忘却的记忆，为了那些不应该被丢弃的信念，于是就有了这套《红色记忆》丛书。

曾记否，当草鞋与意志丈量出来的两万五千里穿越一个伟大民族五千年的荣辱兴衰，革命的火种被一路播撒、一路点燃。人迹罕至的雪山、荒无人烟的草地被鲜血浸透，衬映出一段光辉的里程；万水千山早已被远远地抛在身后，一轮红日在黄土高原磅礴而起。满目疮痍的河山在1936年10月温暖如春……

曾记否，当生命和鲜血浸染的十几年光阴将一种记忆铭刻进一个伟大民族的历史画卷，革命的火焰从星火到燎原。这栏杆拍遍、易水悲歌般的呼号，这折戟沉沙、慷慨赴义的悲壮，这铁马冰河、枕戈待旦的苦战，这红旗漫卷、所向披靡的豪迈……腔腔热血、铮铮铁骨早已被熔铸成一座不朽的丰碑，中华民族从苦难中百死后生的壮丽诗史凝结成了五星闪耀的红色记忆。

曾记否，中华人民共和国成立以来，又有无数英烈接过前辈用鲜血染红的旗帜，或壮怀激烈戍边卫国，或忠于职守鞠躬尽瘁，或绝甘分少奉献大爱，甘做国家强盛、人民富裕的铺路石，成为和平年代民族复兴的荣光，把人民心中的红色记忆浸染得分外鲜艳，永不褪色。

这红色记忆，是信念不衰、志向不改的崇高气节；这红色记忆，是无私无我、生属苍生的博大胸怀；这红色记忆，是敢为人先、披荆斩棘的拓荒精神；这红色记忆，是中华民族最宝贵的精神财富。它告诫我们，人事有代谢，传承无绝期。缅怀先烈精神，继承先烈遗志，是社会的道德和民族的良心，是后来者须臾不可忘怀的本分。

老一代人把历史的真实交付给我们，我们有责任用真实还原历史，传承给下一代，把那段岁月与现在年轻人的生活连接到一起，使他们眼中的历史变得立体、真实、可靠，让历史成为他们前进的动力。本丛书将那些流动的、随时会飘散在时间天际的事件凝固下来，希望透过这些文字、图片，感受到英雄们那坚定的革命信念，感受到那个年代澎湃的革命激情，真切体会那段“红色历史”。

忘记历史，就意味着背叛。让我们重温历史，缅怀先烈，从中汲取力量，毅然前行。

刘栋

目录

CONTENT

目录 CONTENT

前　言

八路军，一般指国民革命军第八路军（中国人民解放军前身之一）。八路军，属于国民政府战斗序列，是由中国共产党领导的抗日部队、中国人民解放军前身之一。

1937年8月22日，国民政府军事委员会正式宣布由原西北主力红军，即中国工农红军一、二、四方面军，改编成“国民革命军陆军第八路军”，朱德、彭德怀任正、副总指挥。1937年9月11日，国民政府军事委员会按全国陆海空军战斗序列，又把八路军改为“国民革命军第十八集团军”，朱德任总司令，彭德怀任副总司令。但由于八路军名声远扬，且八路军内部对此叫法已成习惯，因此在一定的范围内仍沿用八路军番号，人民群众亦习惯称这支部队为“八路军”，在非正式场合，“八路军”这个称号一直沿用。

国民革命军第八路军原是广东地方军阀部队（李济深的旧部），陈济棠曾任第八路军总指挥，下辖三个师：第五十九师（师长余汉谋）、第六十二师（师长香翰屏）、第六十三师（师长李杨敬），该部番号后被蒋介石撤销。

1937年8月22日，国民政府军事委员会宣布由中国工农红军一、二、四方面军改编成“国民革命军陆军“第八路军”，下辖三个师：第一一五师、第一二〇师、第一二九师。每师辖两个旅，每旅辖两个团，每师定员为一万五千人。

八路军曾在抗日战争中参与太原会战、在日本占领区内发动游击战，并设立敌后抗日根据地。八路军于1940年发动“百团大战”，是抗日战争时期敌后根据地战场的主力。根据资料，至1944年5月，八路军对敌作战近十万次，歼敌一百二十四万余人；至1945年8月，八路军已发展到九十多万人；至1945年9月，以八路军为主体的中共武装已发展到一百二十七万人，此外有二百六十八万民兵。

毛泽东非常自豪地说：“中国共产党和共产党所领导的八路军、新四军，是革命的队伍。我们这个队伍完全是为着解放人民的！”

八路军敌后大战日军

文 / 王纪卿

太原失守后，国民党军队退到黄河以南，留下八路军在华北坚持开展独立的游击战。

1938 年 2 月下旬，日军山冈师团主力沿汾离公路西进，27 日进占黄河东岸的军渡和碛口，猛烈炮击西岸八路军河防阵地。3 月 13 日，黑田重德的二十六师团两千多人到达神府河防对岸，炮击河防阵地，又出动十多架飞机掩护，开始强渡黄河。八路军留守兵团警备六团沉着应战，等到日军渡河时，突然集中猛烈的火力打击半渡中的日军，又派部队迂回到河东，袭击日军侧背，毙伤敌一百四十多人，迫使日军撤退。5 月初，日军又多次进犯河防，被警备八团击退。

1937 年 11 月，在山西的五台山成立了聂荣臻任司令员的晋察冀军区，下设四个军分区，初步形成了以五台山为中心的晋察冀抗日根据地。当白求恩准备奔赴抗日前线时，毛泽东曾对他说："中国有一部很著名的古典小说，叫作《水浒传》。《水浒传》写了鲁智深大闹五台山的故事，五台山就在晋察冀。"当他谈到白求恩要去见的人时，又说："五台山，前有鲁智深，今有聂荣臻。聂荣臻就是新的鲁智深。"

吕正操率军起义两个月之后，在阜平县城见到了聂荣臻。聂荣臻对他说："你带领部队脱离国民党军，参加八路军，在很短的时间里就和地方党的同志开创了冀中抗日的新局面，这第一步就走得很好！"聂荣臻给毛泽东发去一份电报："必之来，谈很久，印象很好。""必之"就是吕正操。

吕正操和孙志远要求将他们的部队改编成八路军。聂荣臻用手指着地图对他们说："你们就在平津路、平汉路、津浦路之间，南边以滏阳河为界，搞冀中根据地吧！"冀中根据地很快就从构想变成现实。

太原失守的第二天，八路军一一五师主力便向晋西南挺进。1938 年 2 月，日军进攻晋西南，阎锡山等人的部队退向山西南部和黄河西岸。一一五师立即推进到汾

阳和孝义地区，阻止日军西进。他们派出工作队开赴石楼、永和等县，开创抗日根据地。3 月 2 日，林彪在隰县以北被阎锡山部队的哨兵误伤，回延安治疗，陈光代理师长。随后，陈光和罗荣桓率领一一五师主力转入隰县地区，连续同日军作战，歼灭一千多个日军，摧毁七十多辆军车，迫使日军向东撤退，粉碎了日军西犯黄河河防的企图，打开了晋西南的局面。

从 4 月起，一一五师主力开辟晋西南北部地区。与此同时，山西省委和抗日决死二纵队开辟了晋西南中部。到同年夏季，晋西南抗日游击根据地初步形成。9 月，一一五师主力向日军出击，在丰城地区三战三捷，巩固了这一片抗日根据地。日军川岸师团开进太原以后，对出没在正太铁路线的刘伯承师极为恼火。川岸文三郎在 1937 年底调集两千多个日军，摆出马蹄形的阵势，对刘伯承的部队发起"六路围攻"。

这时，陈赓正率领七七二团在芦家庄至阳泉段破袭铁路，发现日军出动飞机低空侦察，部队附近也出现少量日军，估计日军将会发动偷袭。12 月 22 日拂晓，他指挥部队在里思和松塔与日军激战，黄昏时发现日军增加了兵力，便主动撤出战斗，留下少数兵力牵制日军，主力绕到南军城和北军城一带的山地休息。

第二天早晨，日军发现陈赓撤走了，急忙追赶，会合另一路日军，包围了陈赓的主力。激战时，陈赓发现又有一千多个日军从太谷开来，便指挥部队在夜幕降临时再次跳出包围圈。日军的围攻部队在南北军城会合，发现目标再次消失。他们沿途处处受阻，始终盯不住八路军的大部队。与此同时，他们还得对付外线游击队的袭扰。24 日，日军决定撤退，吞下损失六百多人的苦果。

刘伯承对付日军的"六路围攻"，办法是兵分两路，内线与外线同时夹攻，歼灭七百多个日军，迫使日军在 26 日撤退。这一个胜仗，为创建以太行和太岳为依托的晋冀豫抗日根据地创造了条件。

1938 年初，邓小平接替张浩任一二九师政委，三八六旅副旅长陈再道率领东进纵队挺进河北南部。4 月，晋冀豫军区成立。四个月后又成立了冀南行政主任公署，杨秀峰任主任，宋任穷任副主任。晋冀豫抗日根据地基本形成。

同一时期，活跃在山西省西北部的八路军贺龙师由出征时的八千二百多人发展到二万五千多人，雁北支队也从一个营发展到五个营。这时，晋西北抗日根据地初步形成。同年 2 月 21 日，日伪军分五路围攻这一带，相继攻占宁武、神池等七座县城，威胁陕甘宁边区。贺龙师主力日夜兼程，从同蒲路北段回师晋西北，选择岢岚的那一路敌军猛打穷追。3 月 7 日，王震的三五九旅在岢岚包围了一千多个日军，卢冬生的三五八旅在附近待机歼灭日军突围逃跑的部队。10日下午3时，日军弃城北逃，打算进入三井镇固守待援。王震旅发起攻击，不让日军喘息，当晚攻入三井镇。日军损失二百五十人，与守敌会合。

接着，贺龙派出一支部队围困五寨，一二〇师主力在周围寻机歼敌。17日，卢冬生旅遭遇了增援五寨的一千多个日军，迅即抢占高地，歼灭三百多个日军。五寨一带的日军见增援无望，便向东面撤退，在路上遭到伏击，伤亡惨重。23日，日军又撤出神池。一二〇师乘胜追击，于4月1日收复宁武。他们连续收复七座县城，歼灭一千五百多个日军，粉碎了日军对晋西北根据地的“五路围攻”。

朱德、彭德怀和八路军的三位师长——林彪、贺龙、刘伯承在1938年初难得地齐聚一堂。蒋介石于1月15日在洛阳召开第一战区和第二战区将领会议，请他们出席。17日，蒋介石单独会见五位八路军将领。他把八路军出师以来的战绩称赞了一番，夸奖了朱德和彭德怀。他说：“林彪在平型关打得好，刘伯承智计过人，不愧是军事家。”

接着，蒋介石把目光投向贺龙，似乎有更多的话要说。他先询问了一二〇师的部署情况，然后突然话题一转，问道：“民国十六年，你为什么好端端的军长不当，去参加共产党的南昌起义？”

贺龙直率地回答：“我和蒋委员长政见不同嘛！”

蒋介石一时语塞。沉默一阵，他说：“过去的事算了。”又显出关心的样子问道，“你家里可好？”

贺龙冷冷地回答：“我家的房子被烧了，家里的人被杀光了。”

蒋介石十分尴尬，沉下脸说：“喔，我知道，你是老革命。”

接着，蒋介石说了些要抗战到底的话，结束了会面。

会议结束，朱德从洛阳赶回驻安泽的八路军总部，正碰上进攻临汾的日军推进到总部附近。朱德身边只有二百名警卫通信兵，势单力薄。但是，朱德不愿向山上撤退，率领部队赶往临汾到屯留公路上的古县镇阻击日军，掩护临汾的部队撤退。

24日，朱德的小部队与日军交火，打了一整天。友军得知是朱德亲率部队鏖战，连忙向临汾增援。第二天，日军也探明对手是朱德，出动十多架轰炸机，企图炸平古县镇。日军领队的飞行员不求甚解，错把“故”字当“古”字，把安泽的古县和屯留的故县搞混了，结果把炸弹投到了故县，朱德却安然无恙。夜晚，朱德率部退出古县镇，然后指挥部队与友军夹攻日军，夺到两门炮和几挺机枪。

27日，八路军总部特务团二营赶到。这支部队刚刚扩建，新兵全是徒手，每人

只有一颗手榴弹。朱德派他们袭击日军辎重部队，夺枪武装自己。部队不负众望，缴获了不少战利品。

日军距临汾不过几十公里路程，遭到朱德率领的两个连阻击，走了三天，付出巨大伤亡，才占领了已是空城的临汾。

这段时间，蒋介石下令反攻太原，任命朱德和彭德怀指挥东路军。八路军的任务是为东路军切断日军后方的交通。刘伯承师负责切断正太铁路线。

刘伯承又要打伏击了。这一次，他要把日军引出来打。他派两个团埋伏在井陉与旧关之间的长生口附近，另派一个团袭击旧关，但不切断电话线，让旧关日军的呼救吸引井陉的日军增援旧关。这一招果然奏效。井陉的日军接到旧关守军的求救电话后，连夜出动两百多人，乘八辆汽车赶去增援。

2月23日清晨6时，井陉日军派出的部队开到长生口，八路军两个团突然出击，经过五个小时的激战，击毙一百三十多个日军，炸毁五辆汽车，俘虏日军荒丰吉少佐等五人。日军其余的三辆汽车载着死里逃生的部队逃回井陉。八路军伤亡一百多人。

刘伯承认为八路军在这一仗的伤亡还可以减少。他说："长生口战斗，战果不小，代价也太大了些。以后打伏击，要尽量减少伤亡。枪要打在敌人头上，刺刀要插在敌人肚子上，手榴弹要抛在敌人屁股上。赚钱的生意我们做，不赚钱的生意我们不做。"

罗荣桓在3月中旬指挥一一五师用六天时间在午城和井沟歼灭了一千多个日军。这时候，卫立煌率领第二战区指挥机关渡到黄河以东，刚到大宁就被日军拦住了。卫立煌进退两难，向罗荣桓求援。一一五师派李天佑团三营前去掩护。

第二天，卫立煌的部队被日军打散，八路军及时赶到，掩护卫立煌突出包围。三营十一连坚守白儿岭，顶住八百多个日军的轮番进攻，掩护卫立煌脱险。卫立煌在望远镜里看到日军的飞机大炮把八路军阻击阵地炸成了一片火海，连忙问身边的八路军："那里有几个团？"回答是："只有一个连。"他惋惜地叹道："这个连完了！"

但是，不久卫立煌就发现这个连奇迹般地归队了。一点人数，全连伤亡仅二十多人。卫立煌对部下说："你们看看，人家八路军那么会打，可你们垂头丧气，像什么！"他对八路军心存感佩，送来了一百挺轻机枪和十万发子弹。

日本《东亚日报》的一名随军记者见证过刘伯承师的一次战斗。3月16日上午9时，三股日军开往黎城增援，会合在位于邯郸和长治之间的神头村。突然，刘伯承师向他们发起猛攻，歼灭一千五百多个日军，缴获五百五十多条枪支和六百多匹骡马。日本记者侥幸逃脱，后来回忆说：“正当先头部队开始行进时，子弹‘呼呼’地飞来，迫击炮弹轰隆隆地炸裂，重机枪沉重的声音劈头盖脸地不断响着，令人心里发毛。”

朱德在3月下旬把第二战区将领召集到沁县小东岭开会，意在稳定友军的军心，曾万钟、李家钰、朱怀冰和赵寿山等三十多名国民党军队的将领出席。会议结束时，朱德得到报告：刘伯承、徐向前和邓小平要在响堂铺打一次伏击战。朱德邀请友军将领们到战场附近的高地上观看实战。

31日上午8时半，日军两个汽车中队从东阳关开来，进入刘伯承师的伏击圈。徐向前下令攻击，八路军一齐开火，枪炮声大作，战士们如猛虎下山，向日军扑去。他们的刺杀技术经过几次实战磨炼，已有很大提高，日军没有还手之力。友军将领们只看了两个小时，战斗就落下帷幕。战绩报上来，八路军歼灭四百多个日军，焚毁一百八十一辆军车。

友军将领们看到的这次战斗，是抗日战争中影响很大的“三战三捷”之一。长生口、神头岭和响堂铺三次伏击战，都是八路军的杰作。他们对这次观战印象深刻，增强了敌后抗战的信心。

刘伯承的日军对手中，有一名叫作苫米地的旅团长。这个日本军人诡诈骄横，认真研究过八路军的游击战术，针对八路军“敌退我进”的战术原则，发明了一种叫作“拖刀术”的战法。以往，日军每丢弃一个地方，临走时总要放火烧房。八路军看到村庄起火，以为日军已经撤走，总会赶来救火，追击日军。所谓“拖刀术”，就是看准了八路军的这个特点，日军放火烧房后仍不撤走，而是设下埋伏，等到八路军和游击队赶来，便发起意外的攻击。苫米地这一招确实毒辣，游击队在他施展“拖刀术”时吃过亏。

当然，刘伯承不会让苫米地继续得逞。4月，日军集中三万多人的兵力，对晋东南进行“九路围攻”。刘伯承得到一张从日军处缴获的作战地图，知道日军企图在辽县、榆社、武乡和襄垣地区聚歼八路军。八路军总部决定用部分兵力牵制各路日军，集中主力击破日军一路。

刘伯承跟在日军后面，发现苫米地又在使用“拖刀术”，索性将计就计，命令部队秘密跟踪日军而不接战。16日，刘伯承师主力在武乡以东的长乐村包围了日军一路约三千人。“反游击战专家”苫米地毫无察觉，直到八路军发动攻击，他才明白中了计中计，然而败局已定，他只好拖刀而逃。在这场激战中，八路军歼灭两千二百多个日军，付出伤亡八百多人的代价。七七二团团长叶成焕身负重伤，于两

天后光荣殉国。朱德特意从总部赶来，向烈士遗体告别。

刘伯承打败苫米地，对粉碎日军的“九路围攻”起了关键作用。29日，日军的围攻彻底破产。八路军共歼灭四千多个日军，收复了辽县、黎城等十九座县城。苫米地因为在长乐村失败，受到严厉处分。刘伯承说:“我们的战术原则是机动灵活的，不能老是套用一个战术原则，否则就要吃亏。采取哪种战术好，要看具体情况。不管黄猫黑猫，抓到老鼠就是好猫。”

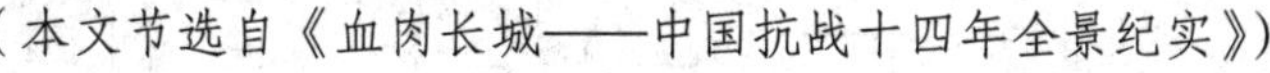

（本文节选自《血肉长城——中国抗战十四年全景纪实》）

“重叠设伏”

——记八路军七亘村连环伏击战

文 / 金志浩

“重叠设伏”，这是一种前无古人的战法——三天之内，在同一地点连续两次成功伏击同一强敌，它的发明人是刘伯承元帅。这种战法在兵法中无记载，它打破了“用兵不复”的原则。

1937 年 10 月，日军占领石家庄后，沿正太铁路西犯，妄图一举攻取太原，掠夺山西的煤炭资源，瓦解国共两党的晋北抗日联盟。国民党军队作战失利，仓皇溃退。八路军一二九师在师长刘伯承的率领下，挥戈东进。国民党第二战区副司令长官卫立煌上将顿感惊诧和内疚。在与刘伯承将军通话时，卫立煌说：“国民党正规军装备好，熟悉阵地战术，尚不能阻遏日军侵晋，且竞相后退。八路军兵微械弱、缺医少粮，施行的游击战能跟日军相匹敌乎？盼将军谨慎行事……”刘伯承凛然答道：“国家兴亡，匹夫有责。反击日军侵略，甘捐血肉之躯！”

经过缜密的侦察，八路军获悉日军劲旅二十师团的迂回部队，在向山西平定开进，前锋直指太原。其辎重部队千余人在测鱼镇驻屯，负责向前方供应弹药粮食。刘伯承判断：日军为了切实控制正太路南的平行大道，必然加紧从井陉至平定的小路运兵运粮。刘伯承判定日军将于 10 月 26 日经七亘村向平定运输军需品，即令部队利用七亘村、南峪之间的有利地形埋伏，计划在七亘村打一仗，钳制日军的迂回进攻，掩护娘子关友军。

七亘村是一个理想的伏击战场，它是井（陉）平（定）小道的必经之地，从七亘村往东到石门，正好是十里峡谷，谷深数十米，底宽不足三米，地势十分险峻。经过实地侦察，刘伯承选中了这个伏击阵地，随即命令八路军一二九师七七二团三营进至七亘村附近待机。

果不出所料，26 日拂晓，测鱼镇庞大的辎重部队在步兵二百余人的掩护下向西开进。上午 9 时许，日军进入伏击区。一二九师七七二团三营的战士们放过敌人的前卫部队，向它的本队突然发起火力袭击。地形选得实在太便利了，陡坡顶上八路军的机枪、步枪“哗哗”地往日军的人堆里倾泻着子弹，手榴弹只需打开保险盖垂直往下扔。日军顿时像炸了窝的马蜂似的乱碰乱撞，死的死，伤的伤，有不少被挤下了深沟。在一阵短促猛烈的火力袭击后，随着一片喊杀声，战士们奋勇杀入敌群，跟日军展开了白刃战。有几名日军被战士们逼到了断崖边，战士们边喊边示意他们缴枪投降。日军竟毫不理睬，端着刺刀反扑上来。战士们毫不留情地击毙了他们。两个多小时后，喊杀声渐渐沉寂下来，日军除少数逃回测鱼镇外，其余全部被歼。此战八路军共毙敌三百多人，缴获骡马三百多匹和大量军用物资，八路军伤亡十余人。

当天，刘伯承得到情报：正太路西段的日军正向东运动，娘子关右翼的日军也正继续向旧关抄袭。他很清楚日军的意图——急于打通正太路，从背后威胁太原。据此，他判断前方需要弹药和粮食急如星火，日军必然尽快再向平定运输军需品，七亘村仍然会是日军进军的必由之路，因为除此别无通道；再从日军目前的作战特点来分析，他们屡胜之后骄横得很，通常会发一股牛劲，向预定的目标执拗地突进，毫不理会一些小的损失；况且根据“用兵不复”的原则，他们万万想不到八路军会在同一地点重复设伏。于是，刘伯承断然决定在七亘村再给日军一个突然打击。

于是，刘伯承一面制造假象，佯装撤离远去；一面果断地在隔了一天后，于同一地点再次设伏。

为了迷惑日军，当 27 日日军派兵到七亘村来收尸时，刘伯承让一二九师七七二团主力当着日军的面佯装撤退，造成七亘村无兵把守的假象。实际上七七二团三营绕了一圈又返了回来，集结在七亘村西改道庙公路南侧的山地里。

28 日晨，敌人的辎重部队果然循原路过来了，前后有一百余个骑兵和三百余个步兵掩护辎重西进。他们毕竟吃过亏，一路上加强了搜索警戒，遇到可疑之处便发炮轰击。到了七亘村附近，他们更加小心翼翼，朝村里村外进行了反复的炮击。七七二团三营的指战员们隐蔽在灌木、草丛和石洞里，沉着镇定，不发一枪。

11 时许，日军进入了伏击地域。一二九师七七二团二营的机枪、步枪一齐响了起来，组成了严密的火网。这次日军已有准备，一遇打击便就地组织抵抗。三营的战士们在兵力不占优势的情况下，仍英勇出击，将日军截成两段。由于负责增援的二营因雨天路滑，未能按时赶到，因此三营没能将敌人全歼。战至黄昏，敌人乘夜色朦胧，突围而出，一部向西逃往平定，大部向东退回测鱼镇。

这次伏击，击毙日军百余名，八路军又缴获了一大批军需品和骡马，牵制了敌人，使困在旧关以南的国民党军曾万钟部一千余人从敌人的包围中撤了出来。

刘伯承把缴获的一部分战马、军刀、大衣、罐头、香烟等战利品送给卫立煌。卫立煌赞叹不已，称此战为“战史上的奇迹”，誉刘伯承为“当之无愧的名将”。

一二九师的两个团毕竟无法挡住数万日军的强大攻势，他们的积极战斗只能最大限度地起到牵制、迟滞敌人的作用。就在七亘村第一次伏击战的同一天，日军攻占柏井，威胁娘子关与旧关国民党守军的侧背。娘子关防线上的国民党部队怕后路被切断，争相撤退。

刘伯承将七亘村连环伏击战命名为“重叠设伏”。后来，不少国家的军事教科书里增加了这一前无古人的战法。

（本文选自上海档案信息网）

我们和苏联红军一起收复山海关

口述／秦兴汉　整理／刘　巍

时光荏苒，好像只是弹指一瞬，我人生的年轮就已划过九十一道圆圈。很多往事早已烟消云散，但当年我们与苏联红军一起收复山海关的战斗情景却始终清晰……

1945 年 8 月 15 日日本宣布投降后，根据八路军总部的命令和晋察冀军区的部署，冀热辽军区兵分西、中、东三路跨过长城，迅速进军热河和辽宁腹地。从 1942 年就坚持战斗在滦河以东地区的我们十六军分区十二团、十八团两个团的部队，在军分区司令员曾克林、副政委唐凯的率领下，继打下临榆县北部的柳江和日伪盘踞的石门寨煤矿后，于 8 月 29 日绕道与山海关唇齿相依的九门口和义院口，越过长城，火速夺取了辽宁省绥中境内的前所车站。我那时正在十二团宣传队担任分队长。

1944 年春任冀东十二团宣传队分队长的秦兴汉

8 月 30 日上午，在绥中前所车站，部队和苏联红军一个装备精良的侦察队碰了面。由于语言不通，他们不相信我们是中国共产党领导的八路军，用黑洞洞的枪口指着我们，形势十分危急。这时，唐副政委急中生智，让我们宣传队带领全体官兵高声唱起《国际歌》。歌声响起，虽然苏联红军听不明白中文歌词，但这熟悉的旋律显然消除了语言的隔阂，知道彼此都是布尔什维克的同志，大家激动地拥抱在了一起。

当时，由于国共两党在日军向哪一方投降上的分歧，据守在山海关的日军还没有正式投降。一千多人的战斗部队在山海关周边的各个据点，两千多个日军的文职人员和眷属，还有七千多个伪军、伪警察和伪政府人员龟缩在城中，死守待援。对我军来讲，山海关是八路军进军东北的咽喉，如果以步代车，至少需要半个月到二十天才能到达沈阳；而如果打开山海关通道，解决长城沿线敌人的阻挠，依仗便利的陆路和铁路交通，利用现代化交通工具运输人员物资，一两天就可到达沈阳。因此，我军与苏联红军协商，决定一同攻打临榆县城（山海关），打通华北到东北的大动脉。

当天中午，就在中苏两军开拔山海关的途中，我军分区的一位侦察参谋和苏军的一位副连长就已经乘坐苏军吉普车、带着翻译先期来到了山海关南门外。他们向据守山海关的日军递交了由八路军司令官代表和苏军司令官代表签署的《受降通牒》，命令在山海关的日军和伪军于下午2时在山海关火车站无条件向中苏军队投降。而日军却狡辩称，山海关不属于东北辖境，不是“满洲国”领土，山海关驻军属日方华北方面军统领，根据《波茨坦公告》和中华民国蒋介石委员长下达的命令，在山海关的日军防区和武器装备应交给国民政府的军队，不能交给苏联红军和八路军。同时，守城的日军急忙部署撤走仍滞留在山海关的大部分军队、文职人员及眷属。

文的不行，只能来武的。下午5时，中苏两军在山海关威远城（今山海关城东）设立了中苏两军临时指挥部，继而完成了对山海关城东、城南、城北的三面包围。曾司令员命令十八团主攻，在苏军炮火的配合下，攻打临榆县城东门城楼“天下第一关”；十二团担任助攻，在南侧切断日军退往山海关火车站的退路，进而控制火车站，将车站附近的敌人歼灭，苏军派一个小分队协同；军分区直属队作为预备队负责后续梯次攻击。

为保护山海关古城和古长城不再遭受战火的破坏，减少城内百姓的伤亡和财产损失，苏军少校营长伊万诺夫奉命到山海关东门向日伪军下达最后通牒，希望日伪军能主动投降，以避免不必要的伤亡。然而，日军依然以向华北地区日军司令部“请示”为由敷衍搪塞，拒不投降。敌人的强硬，促使两军联合指挥部下定了武力攻城的决心。黄昏，向山海关发起总攻的命令正式下达。

负责主攻任务的十八团在苏军炮火的掩护下，以“天下第一关”城墙为主要突破口，如潮水般涌向山海关东门城墙。日伪守军居高临下，疯狂抵抗。攻城的掩护部队马上调整了火力，用炮火封锁住城墙上的主要垛口和日伪军的火力点，苏军用战车撞开了东罗城的城门。八路军战士快速冲进东罗城，占领了“天下第一关”的

全城制高点，扔掉了日军的“膏药旗”，插上了胜利的红旗。全城日伪军见大势已去，纷纷溃退。攻城的八路军后续部队乘胜追击，很快控制了大部分地区。日伪军边战边撤，仓皇逃往秦皇岛。在山海关城中担任掩护任务的一个日军中队经过激烈巷战损失大半，最后在城中心的钟鼓楼负隅顽抗，被八路军击毙一百余人，只得缴械投降。

1945 年 8 月 30 日解放山海关后，部队入城

我所在的十二团以火车站、桥梁为主攻目标，兵分三路：一路沿望夫石村进行攻击，一路攻下山海关火车站，一路攻下桥梁厂。我们宣传队随部队进攻山海关火车站，时而听到枪声大作，时而有流弹从不远处飞过，但大家都没有恐惧，而是坚定地随着大部队行动。仅用了两个多小时，即晚上 9 时左右，山海关战斗就胜利结束。

战斗结束后，与苏军官兵合影

当晚，我们宣传队作为团里的“宝贝疙瘩”，被安排住在一个日本旅馆里，里面装修得花花绿绿，相当豪华阔气。也许是日军没有想到我们会这么快攻打山海关，撤退前不久还在这里饮酒作乐，餐厅里摆的饭菜酒席都没有撤掉，桌子上的茶杯里还冒着些许热气。看到这样的情景，我们都笑着戏称：“这就是日本兵最后的晚餐！”

收复山海关的战斗，共击毙和俘虏日军二百多人，伪军、伪警察、伪宪兵、伪职人员共七千余人；缴获各种长短枪三千余支，迫击炮、掷弹筒五十多具，各种子弹、炮弹、手雷数百万发（颗）以及大批的军用物资。山海关自 1933 年 1 月 3 日起被日军强占十二年零七个月后，终于重新回到了中国人民自己的手中。

（本文选自《解放军报》）

人民军队经典战役

——陆战经典之1938年反“九路围攻”

文 / 柳茂坤

1938年春，八路军一二九师、一一五师之三四四旅等部在正太铁路和邯（郸）长（治）公路上连续打击侵入晋南的日军，给敌后方补给线造成严重威胁。4月初，日军华北方面军为了解除后方的威胁，以一〇八师团为主，并调集十六、二十、一〇九师团各一部共三万余人，在第一军司令官香月清司中将的指挥下，采取分进合击战术，由同蒲、正太、平汉路及邯长、临（汾）屯（留）公路等处，分九路向晋东南地区大举进攻，企图将八路军一二九师等部和在这一地区的国民党军围歼于辽县、榆社、武乡一带。

这时国民党军第二战区已将在山西的部队分成东、南、北三路军。其中晋东南的部队为东路军，以八路军为主，包括山西新军和国民党军队，由八路军正副总司令朱德和彭德怀分任正、副总指挥。朱德和彭德怀从缴获的日军文件中获悉日军围攻晋东南的企图后，于3月24—28日召开东路军将领会议，研究和统一反围攻的作战方针，决定以一部兵力在地方游击队的配合下，于内线牵制进犯的各路日军，主力部队寻歼敌之一路，以粉碎其围攻，并确定了八路军和国民党友军各部的部署和任务，以及动员群众和进行各项准备工作。

4月4日，当各路日军开始出动时，朱德、彭德怀令八路军一二九师三八六旅和三八五旅之七六九团及三四四旅之六八九团，由辽县以南转移到日军合击圈外的涉县以北地区，隐蔽待机；令留在内线的八路军部队和山西新军、国民党军三、十七军及九十四师、一六九师等部，阻击、袭扰和疲惫日军，为转至外线的部队创造战机。同时，令晋察冀军区和一二〇师各以一部兵力向平汉、同蒲、正太铁路出击，牵制日军，配合晋东南反围攻作战。

4月10日前后，由榆次出犯之日军一〇九师团两个大队被八路军一二九师独立支队阻滞于阔郊、马坊一带；由祁县、太谷出犯之日军一〇九师团一个联队攻占洪子镇后，被防守该地的友军九十四、一六九师和当地游击队阻止于东西团城地区；由洪洞出犯之日军二十师团一个联队，在占领沁源后，被山西新军第一纵队和友军十七军八十四师包围；由屯留、长治出犯之日军一〇八师团两个联队突破友军第三军的防御，侵入沁县、武乡和襄垣、辽县；由涉县出犯之日军十六师团两个大队被友军骑兵第四师阻滞于麻田地区；由邢台出犯之日军十六师团一千余人被八路军一二九师先遣支队等部阻滞于营头、浆水镇以东；由元氏、赞皇出犯之日军十六师团一个大队被一二九师游击支队阻滞于赞皇以西地区；由平定、昔阳出犯之日军一〇八师团一个联队在八路军一二九师和游击队的坚决阻击下，于14日才进至辽县、芹泉地区。至此，九路日军已有六路被阻止，只有一〇八师团三个联队分三路侵入晋东南根据地腹地，但该日军连续作战，已相当疲惫，并且孤立突出。在此情况下，八路军总部即令一二九师主力及六八九团迅速由外线转入内线，进至武乡以北地区，伺机歼灭进入腹地的日军。

4月15日，日军“九路围攻”的一路一〇八师团一一七联队共三千余人由武乡北犯榆社扑空后，仓皇撤回武乡。当日黄昏又放弃武乡，连夜沿浊漳河东撤。八路军一二九师师长刘伯承、政治委员邓小平决定抓住这一有利战机，集中四个团的优势兵力，在运动中歼灭这一路日军：以七七二团和六八九团为左纵队，以七七一团为右纵队，分别沿浊漳河北南两岸山地实施平行追击；以七六九团为预备队，沿武乡至襄垣公路尾追敌人。16日晨，七七二团在武乡以东的长乐村将东撤的日军大部截住，立即发起攻击，将敌切成数段，压缩到狭窄的河谷里，展开白刃格斗。已过长乐村的日军，为解救其被围部队，以一千余人回援，向七七二团的左翼戴家垴阵地猛扑。防守该阵地的十连与日军激战四个小时，打退敌人多次冲击后，阵地方被日军攻占。12时许，六八九团赶到该地，又将阵地夺回。14时，由辽县来援的日军千余人，向六八九、七七二团阵地反扑，均被阻止。17时，又有日军千余人从辽县驰援。此时，被包围在长乐地区的日军已基本被消灭，一二九师首长决定以一部牵制敌人主力部队，主动撤出战斗。此战歼灭日军二千二百余人，对粉碎敌之“九路围攻”起了决定性作用。一二九师伤亡八百余人，七七二团团长叶成焕光荣殉国。此后，各路日军纷纷撤退。八路军、山西新军和国民党军乘胜转入追击，在沁源以南及沁县、沁源间，在辽县、和顺间，又各歼灭日军一部。27日，盘踞长治、高平、晋城的日军向同蒲路南段撤退，又连遭八路军等部截击，被歼近千人。至此，日军

对晋东南地区的“九路围攻”被彻底粉碎。

是役，历时二十三天，八路军共歼灭日军四千余人，收复十九座县城。这是晋东南根据地初创时期的关键一仗，对巩固和扩大晋冀豫边区抗日根据地起了积极作用。

在反围攻作战中，八路军一二九师针对日军企图，坚持内线与外线结合、游击战与有利条件下的运动战相结合的方针，贯彻毛泽东“以次要兵力牵制敌之数路，而以主要兵力对付敌之一路”的作战原则，从而取得了击破敌主要一路，震撼其他各路，粉碎日军围攻的效果。

（本文选自人民网）

广阳伏击战：陈士榘活捉日本兵

文/李　涛

1937年10月，沿平汉铁路进攻的日军占领石家庄后，以二十、一〇九师团沿正太铁路西犯，企图配合沿同蒲铁路南犯的日军会攻太原。下旬，日军进逼娘子关，晋东告急。

由于此前国民党当局未接受毛泽东的建议预置重兵加强娘子关、九龙关的防守，直至日军逼近时，才令二十六、二十七路军和第三军等部进至娘子关仓促组织防御。

为配合国民党军保卫太原，八路军总部命令一一五师师部率三四三旅于25日夜由五台山南下，驰援娘子关，协同在正太铁路以南作战的八路军一二九师侧击西犯日军。但当26日部队赶到平定时，娘子关已失守。

西进日军左翼二十师团师团长川岸文三郎是个日本皇族，飞扬跋扈，生怕第五师团师团长板垣征四郎抢头功，先占太原，便命令四十旅团旅团长山下奉文率部沿平定、昔阳向榆次、太原进攻。

川岸的二十师团虽不如坂垣的第五师团名气大，但同样是支精锐部队，特别是山下奉文和他的四十旅团，在日军中也属“王牌”——几年后，正是这个山下奉文在太平洋战争中大出风头，率两万人马横扫整个东南亚，迫使十万英军在新加坡投降。

为继续阻击和迟滞日军，三四三旅于30日进至昔阳以西的沾尚镇地区，待机打击西犯日军。

11月2日，日军四十旅团先头部队七十九联队主力逼近昔阳城西马道岭。三四三旅六八六团二营节节抗击，迟滞、疲惫日军。受到八路军顽强阻击的日军前进缓慢，一天下来才走了十四里，进占平定及其以南的白家掌一带。

3日，日军由沾尚向广阳开来。广阳是一个不到二百户人家的小村镇，地处沾尚镇至松塔镇之间。自沾尚经松塔至榆林的公路从村边经过。由于年久失修，加上山洪暴发、沙石冲击，这条路已经破烂得不成样子，似路非路，似河非河，不便于机械化部队运动。村子四周山峦重叠、沟壑纵横，不仅地形复杂，而且有疏落的树木，正是打伏击的好地方。

当晚，三四三旅主力迅速占领广阳及其以东道路南侧的有利地形，完成了兵力部署：李天佑任团长的六八六团一营、三营为主要突击部队，进入广阳以南瑶村、前小寨以北高地；杨得志任团长的六八五团三营由狼窝沟北山出击，协同六八六团歼灭进入伏击地区之日军；其余部队占领有利阵地，准备打击回援之日军。

4日下午1时许，日军先头两个联队四千余人通过伏击区进至松塔。八路军预伏部队采取避强击弱的战法，放过其先头主力。

广阳伏击战

两个小时后，日军前锋已到松塔镇，而后卫辎重部队还在广阳附近，最佳的出击时机到了。随着一声信号枪响，六八五团、六八六团的各路伏兵从山间林中突然杀出，将日军队形分割成两段。一时间，喊杀声、枪炮声响成一片，震撼山谷。八路军将士乘势杀入敌阵，与日军展开白刃格斗。

战至夜幕降临，谷地里的枪声渐渐稀疏下来。三四三旅参谋长陈士榘向师部报告战果："六八六团已全歼被围之敌，初步统计歼敌在五百人以上。六八五团也歼敌近五百人……"

陈士榘还没有放下电话，六八六团三营通信员就跑过来报告："部队已进入广阳镇，除有极少数散兵负隅顽抗外，包围圈内再没有日军的踪迹了。"

当陈士榘和李天佑走进广阳镇时，天已完全黑了。街上有两处房子还被几个日本兵占据着，不时传出几声枪响。待陈士榘等人走近时，战士们已经用手榴弹消灭了房子里的日本兵，只剩下一个日本兵躲在一个小院子里，不时向外开枪。

陈士榘

有人主张用手榴弹炸死他算了，陈士榘马上制止："不能炸死，要抓活的。现在要消灭他很容易，一颗手榴弹或几颗子弹就够了，可是上级一再要求我们最好能抓到俘虏。"

当时，抗日战争已进行了一段时间，上万名日军战死，居然无一被俘。平型关一战，八路军一一五师歼灭日军千余人，也没有抓到一个俘虏。时任六八六团组织股股长的欧阳文曾回忆道："战前我们给战士做动员，说是要优待俘虏，我们准备抓一千个俘虏好送到全国各地去做展览，结果一个也没抓到。"

陈士榘的儿子陈人康在《一生紧随毛泽东——回忆我的父亲开国上将陈士榘》一书中披露："当时，我父亲有捉俘虏的念头，就学日语在战场喊话，别人都没太当回事，但父亲很用心，暗中把敦促日军投降的日本话背得滚瓜烂熟。"

于是，陈士榘对李天佑说："我还能说几句日语，让我带上几个人去看看。"说完就带上师侦察科科长苏静等人冲进了院子里。

那个日本兵躲藏在小院子里南房的里间屋。陈士榘让战士们先将小房子团团围住，然后利用夜幕掩护，自己悄悄地移到了窗口，用不久前才学会的几句日语向里面喊道："缴枪不杀，宽待俘虏！"

可那个日本兵仍不肯出来，继续向外开枪。

陈士榘又耐心喊了一阵子，那个日本兵才不再开枪了。过了好大一会儿，只听见里面传出了几句生硬的中国话："明白，明白。"

可又等了一会儿，仍不见他出来。不能再这样拖下去了，陈士榘一挥手，率领战士们猛地冲进屋去。原来那个日本兵蹲在老乡的粮食筐里，欲动不能，挣扎无用。见八路军战士冲进来，他吓得浑身发抖，两腿打战。

陈士榘想给他再解释解释，可除了"缴枪不杀，宽待俘虏""不要为日本军国主义卖命"等几句话以外，别的日语就不会说了。

许多年之后，陈士榘在自己的回忆录中记下了这有趣的一幕："正当着急之时，我突然想起汉文和日文中有许多字形字意是相同的，马上掏出一个笔记本，借着灯光在上面写了'你不要怕，我们是共产党领导的八路军，宽待俘虏''只要你放下武器就不伤害你'几行汉字。他看了之后，也连忙写出'理解'。我一看他不仅认识汉字，而且写得不错，心里头很高兴，又写字问他是哪个部队的，叫什么名字。这回我连本子带笔一起给了他。他看看字，又抬头看看我，然后拿起笔在本子上写下'第七十九联队辎重兵军曹加滕幸夫'。他的汉字写得很好，看来文化程度不低。"

通过笔谈，陈士榘了解到日军二十师团大多数是朝鲜人，还有很多东北人，日本人只占三分之一。陈士榘又向加滕幸夫宣传了我军的俘虏政策，加滕幸夫不住地点头表示信任。

见陈士榘带了个活的日本兵来，李天佑高兴地说："好啊，你到底抓了个活的回来了。你走了以后，师里打电话找你，我说你抓俘虏去了，师里还说你是个'冒失鬼'，让我告诉你注意安全。"

"不入虎穴，焉得虎子？你不冒险，能抓到俘虏？"陈士榘笑着回答。

7日，八路军一二九师三八六旅旅长陈赓指挥所部及三八五旅七六九团，在一一五师三四三旅的配合下，又于广阳以东地区设伏。17时许，当由沾尚镇西进的日军先头部队进至大寨口、中山村、户封村等伏击区时，设伏部队迅即发起攻击。日军据村顽抗，八路军英勇冲杀，经一小时激战，歼日军二百五十余人。两次战斗，八路军共歼灭日军一千余人，缴获骡马七百余匹、步枪三百余支以及大批军需物资，取得了自平型关战役以来的又一次重大胜利！

（本文选自《解放军报》）

罗东进忆父亲罗荣桓

——“留田突围”创造奇迹

口述 / 罗东进　整理 / 付金伟　杜辉升

罗荣桓

罗荣桓在山东指挥抗战

1942年罗荣桓正式提出“翻边战术”，又在日伪军“合围”鲁中根据地之际，“翻”到滨海南部，粉碎了敌人的冬季“大扫荡”。毛泽东在了解这一情况后，对这一做法给予了高度评价，认为“翻边战术”不是战术，而是战略。

“来临沂多少次，我自己也记不清了，仅今年就已经三次了。因为我从四个月大时来到山东，直到六岁才离开，在这里我是吃百家饭、穿百家衣长大的。”

七十二岁的罗东进对沂蒙老区有着深厚的感情。虽然头发斑白，但思路清晰，一说到八路军和山东、一一五师和沂蒙山区，就好像有说不完的话题。

在临沂大学举行建校七十周年庆典之际，罗东进讲述了有关罗荣桓元帅在山东时期的历史往事。

罗荣桓率部挺进山东

1938 年前，中国共产党领导的山东正规部队很少，地方武装的军事素质也较差，鉴于山东地理位置重要，毛泽东决定派部队到山东去。1938 年，为了避免国民党当局的干扰和阻挠，一一五师的六八五团以护送八路军总部首长去徐州开会为由，进入湖西地区。

同时萧华同志又以八路军一一五师“东进支队”的名义带领一支部队进入鲁西北地区。接着在 1939 年初，一一五师代师长陈光和政委罗荣桓准备带领一一五师师部和六八六团挺进山东，开辟抗日根据地。

就在此时，罗荣桓妻子林月琴生下了一个儿子。想到丈夫即将带部队出发，林月琴就让罗荣桓给儿子取个名字。罗荣桓看了一眼孩子，说叫“东进”吧！这就是罗东进名字的来历。

等到罗东进上学以后，看到别的同学过生日，就问母亲自己的生日是什么时候。母亲林月琴仅记得是腊月出生的，但具体时间却不记得了。中华人民共和国成立后，林月琴就对罗东进说：“你妹妹是 1 月 21 日，干脆一起过吧。”

“直到我四十二岁那年，有一次，梁必业叔叔（曾任总政治部副主任）整理日记时，发现了我出生的时间是 2 月 14 日，从那以后我才知道自己的生日。”回忆往事，罗东进将军感慨地说。

罗荣桓率部队进入山东后，先是在鲁西南，后来又转战到鲁中及沂蒙山区。到 1939 年五六月时，妻子林月琴才带着罗东进跟随着徐向前、朱瑞那一批部队进入山东。由于当时山东形势很严峻，部队经常转移，无奈中只好把出生不久的罗东进寄养在当地老乡家里。“我母亲实际上是不太愿意把我寄养在老乡家的，因为此前我曾有个哥哥被寄养在延安老乡家中，后来因为生活条件太差，我这个哥哥就死掉了。”罗东进沉着声音说。

1940 年前后，林月琴请杨勇将军把罗东进从鲁西南带到沂蒙山区来。当时山东局势并不太好，还要穿过敌人的封锁线，带这么个孩子怎么办？杨勇将军就找了一个挑夫，一头放罗东进，另一头怎么办呢？因为路上要有吃的，正好那个地方在肥城一带，桃子熟了，就装了一筐桃。路上孩子饿了，便摸个桃子给孩子吃，就这样罗东进被带到了沂蒙山区。

在沂蒙山区，罗东进还是时常被放在老乡家里。因为日军经常扫荡，所以罗东进在很多人的家里都待过，包括“沂蒙母亲”王换于的家。直到1945年，罗东进六岁时，才随部队经烟台去了东北。

罗荣桓一家在莒南的合影（左二为罗东进）

“留田突围”创造奇迹

在长期的军事生涯中，罗荣桓以他的用兵如神创造了很多奇迹，“留田突围”就是其中之一。

1941年11月初，日军聚集了五万多日本兵和伪军，开始对沂蒙山区进行大“扫荡”，并盯住了留田村（位于现沂南县张庄镇）。当时一一五师的师部及“战工委”（相当于省政府）都在留田村周围，而当地的作战部队只有一个警卫营，总人数共有三千多人。敌人在飞机、坦克、大炮的配合下，由临沂、费县、沂水、莒县等地，兵分十一路气势汹汹地向留田扑了过来。很快敌人就把留田团团围住了，而且还在逐渐缩小包围圈，情况万分紧急。

当时一一五师的陈光、山东分局的朱瑞等同志都在，大家就讨论向哪个方向突围，共提出了四条意见：一是东过沂河、沭河，进入解放区的滨海地区，但是这个方向或许正是敌人埋伏的一个口袋；二是向北，因为当时山东纵队也突围出去了，在北边蒙山一带，但是这个方向是国民党部队的防区（“皖南事变”后，国共关系比较紧张，突围到那里也容易受到日军和国民党军的夹击）；三是向西进入蒙山，但这个方向有铁路线和封锁线，敌人力量很强；四是分散突围。当时大家提了这四条意见，唯独没提向南，因为南面是临沂，是敌人的后方，而且据说当时日军驻中国的派遣军队司令烟俊六就在临沂。

而罗荣桓的意见恰恰是向南，向南到临沂，到敌人的大本营去。他认为，那里是敌人的后方，敌人主力出动，其后方必然空虚，也是敌人最容易忽视的方向。最后，这支三千多人的部队利用晚上，悄无声息地没费一枪一弹，没有牺牲一个人就穿过了封锁线，跳出了包围圈。

当时随部队一起走的有一个德国记者，也是德国共产党员，叫汉斯·希伯。他出去以后，对罗荣桓精湛的军事指挥艺术赞叹不已，就把这件事写了下来，题目就叫“无声的战斗”。

毛主席说，“翻边战术”不是战术是战略

“留田突围”是罗荣桓“翻边战术”的集中体现。

那时，由于一一五师刚到山东，根据地狭长且很小，当时形容根据地为“东西一条线、南北一枪传”。也就是说，遇到敌人时根本就没有回旋余地，如果仍按照内战时打运动战的方法，就难以突破敌人的包围。

因此，罗荣桓同志就提出了“翻边战术”，即不把主力部队设置在根据地的腹部，而是部署在靠近一路敌人的根据地边沿地区。当敌人开始“扫荡”时，不是“敌进我退”“诱敌深入”，而是“敌进我进”，即在弄清敌人特别是当面之敌的动向后，趁敌人包围圈尚有较大空隙时，选择敌包围圈薄弱处，跳出根据地，“翻”到敌人后方去，袭扰敌后方，打乱敌之部署，以达到粉碎敌“扫荡”的目的。

据说，这种战术刚刚提出时，许多不了解情况的人都不理解，因为毛泽东说的是“敌进我退”，并没有说过“敌进我进”。有一次，在总结经验时，罗荣桓将此总结为“敌进我进”，并把这一做法写下来。当时的大众日报社社长陈沂刚看到时，以为罗荣桓是笔误，就将其改为“敌进我退”。罗荣桓看了后，又改了回去，并解释：山东的根据地太小了，又不稳固，无地可退，所以敌人来了，他后方肯定就空虚了，那就到他后方去。

在1942年罗荣桓正式提出“翻边战术”后，又在日伪军“合围”鲁中根据地之际，“翻”到滨海南部，组织了海陵、郯城战役，连克海陵、郯城、码头，粉碎

了敌人1942年冬季的“大扫荡”。毛泽东在了解这一情况后，对这一做法给予了高度评价，认为“翻边战术”不是战术，而是战略。

五个职务兼一身

1942年以前，由于种种历史原因，山东的领导思想上一度存在不够统一的问题。有的同志认为，山东的共产党武装力量在质量和数量上都取得了初步优势，已能同日伪军相持。尤其是“百团大战”后，部分同志甚至也提出能否搞个“百连大战”。罗荣桓同志从山东实际出发，认为我军对日伪军还处于劣势，还是应该扎根群众，把根据地建设好。

为了统一山东抗日斗争的指挥，1941年8月，中共中央指示：组成新的山东军政委员会，由罗荣桓同志任书记，山东纵队归一一五师首长指挥。1942年1月，中央军委又指示：一一五师指挥全山东的部队。

1942年前后，罗荣桓率领一一五师在山东的滨海、鲁中、鲁南、冀鲁边等地区坚持敌后游击战，不断打击敌人，壮大自己。他认为，在抗日战争的整个相持阶段，山东敌后均应坚持游击战的方针。罗荣桓的这种做法得到了中央的认可，尤其是自从刘少奇同志到山东主持总结了四年的工作以后，山东的领导思想逐渐统一。为了进一步做到组织上的统一，1943年3月，中共中央决定组建新的山东军区，任命罗荣桓同志为山东军区司令员兼政治委员、八路军一一五师政治委员兼代师长，到秋季又任命罗荣桓为中共山东分局书记。就这样，在抗战后期，罗荣桓在山东已经是党政军五个职务一人兼。但此时，罗荣桓身患严重的肾病，中央仍希望他负起重任。于是，他便抱病受命。从此，在山东建立了统一的军事领导中心，解决了武装部队的统一指挥问题，山东抗日斗争的局面也随之发生了明显变化。

七大时，山东军区贺幛被放在了主席台右侧

“在‘七大’的会场图片资料中，主席台两边条幅的落款，一边是陕甘宁边区，而另一边就是山东军区，由此可见山东军区在当时的重要性。”罗东进将军说。到1945年中共召开七大时，党在山东领导的武装力量已和1939年时不可同日而语。

一一五师主力部队挺进山东，创建了鲁南、鲁西等抗日根据地，并与华中、湖西、鲁中、鲁东南根据地建立了联系通道，打开了山东抗战的新局面。资料记载，红军改编为八路军时，一一五师全师一万五千五百人，入鲁部队万余人。到1943年3月新的山东军区成立时，一一五师已发展到七万人，山东纵队（山东军区）为六万余人。

山东实行以罗荣桓为中心的一元化领导后，山东的形势更是发生了很大变化。

到 1945 年，山东的正规部队发展到二十七万人，约占当时中国共产党领导的军队总数的百分之二十二，地方武装也发展到五十万人，群众达到两千七百多万，除了青岛、济南、枣庄这些沿着铁路线的大城市以外，解放区基本连成一片。

山东在抗战初期和中期本是华北诸省中伪军最多的省份，也是日军重点守备的地区。但经过艰苦奋战，到 1945 年 8 月，这里已成为一块由我党领导的比较完整的战略区。

（本文选自《大众日报》，有删节）

抗战期间贺龙与武强百姓的动人故事

文 / 武秋英

抗日战争期间，贺龙将军不仅率领八路军在冀中平原上同日军浴血奋战，而且在年画之乡——武强县留下了许多动人的故事。

贺　龙

五十个鸡蛋鱼水情深

1939 年 2 月 7 日，安国日军三百多人进占安平；蠡县日军五百余人进犯饶阳；献县日军向西进攻贾庄桥。局势的突变，使刚刚转移到留班寨一带的八路军一二〇师师部和冀中军区机关面临遭敌合击的危险。

时任一二〇师师长的贺龙决定连夜向南转移到武强县西北部的任庄、皇甫村和东西唐旺等村察敌待变。部队进驻东唐旺村的头一天傍晚，村党支部书记刘文祥领着支部三位同志前去看望，顺便提着五十个鸡蛋。当时，由于敌情紧张，组织上一直没有公开贺龙师长的身份。刘文祥握着贺龙的手说："首长，我们这里条件不好，凑合着住吧。"贺龙笑着说："哪里，哪里，这房子不错嘛，比长征时好多了，给你们添麻烦了。"接着，贺龙指着篮子里的鸡蛋说："这，你们带回去。"刘文祥说："那可不行，东西太少，实在有点拿不出手来。这是全村乡亲们的一点心意，一定要收下。"谁也没想到，当天晚上，贺龙就派司务长专程把鸡蛋钱送到刘文祥家，刘文祥再三推辞也不行。司务长说："我们首长说，八路军有'三大纪律八项注意'，这鸡子（鸡蛋）必须照价付款。"

换烟抽与百姓亲如一家

东唐旺村中间有座菩萨庙，是人们聚集聊天的地方。贺龙来到村里的第二天上午，开完了会，拿着烟斗也来到了庙台上，和几位老人拉起了家常。他从自己的军大衣口袋里掏出自己带来的烟丝让大家抽，大家显得有些拘谨。贺龙逐人递烟，说："客气什么，八路军和老百姓是一家人，要不这样，你们先抽我的，我再抽你们的，烟酒不分家嘛！"说完哈哈大笑起来。

于是老人们每人装了一烟袋锅子，一齐抽了起来。贺龙问："怎么样？""好抽，好抽！"有的说烟丝好，有的说味道香。贺龙把自己的烟斗往墙上一磕，说："来，我尝尝你们的烟。"一个叫刘三庚的老人递上自己的烟荷包："俺这烟是自己种的，叫大叶烟，你抽不惯吧？"贺龙装了一烟斗点着就抽，连抽了好几口才说："好，劲冲！真过瘾！"老人们说："怎么也不如您那烟丝好抽。"一旁的警卫战士说："那烟丝是战利品。"贺龙一听人们喜欢他的烟丝，就让警卫战士取来了他的烟丝袋子，给每人装了满满一荷包，边装边说："抽吧，做个纪念。"

雪夜提灯送贺龙

2 月 12 日，夜色茫茫，风雪弥漫。贺龙等一行数人，从武强取道饶阳留楚村，向肃宁东湾里转移。

由于风雪夜晚，还没离开武强便迷路了。下马步行，摸索了半天，仍无济于事，看看表，已是凌晨 3 时多。在皇甫村口，贺龙一面派人进村去找向导，一面披着大氅，坐在村边麦场的碌碡上抽烟等候。不一会儿，向导找来了，是一个二十多岁的小伙子，名叫王建议，是个共产党员。他得知八路军首长行军迷了路，二话没

说，提起马灯，便跟着到了村外。

贺龙抱歉地说："这么晚了，还惊动你起来。"王建议说："没关系，给同志们带路，是我应该做的。"一路上，贺龙问王建议家里几口人，生活怎么样，庄稼收成如何。当得知王建议刚结婚不久时，贺龙诙谐地笑着说："那就太对不住你了，同志！半夜三更的，把你从热烘烘的被窝里拖出来……"众人大笑起来，连王建议也不好意思地笑起来。

王建议一直把贺龙一行送出七八里地，在贺龙三番五次的催促下，才停住了送行的脚步。贺龙上马后，不时回首望着王建议高举着的马灯，赞不绝口地说："河北老乡真好！武强老乡真好！"当年王建议雪夜为贺龙引路的那盏马灯，现在已被收藏在武强年画博物馆内，成为革命历史的见证和进行革命传统教育的生动教材。

农家子弟纷纷参加八路军

贺龙和八路军师部的同志虽然只在武强停留了五天，却对革命老区武强县产生了很大的影响。老百姓除了把贺龙和八路军当作自己的亲人外，还纷纷报名参加八路军，跟着八路军去打日本侵略者。当时，贺龙从饶阳县境内进入武强，后又离开武强到肃宁，路过我们刘南召什村一带的村庄，许多年轻人闻讯后追随着这支队伍参了军。我大伯刘大丑就是在那次参了军，后来牺牲成为革命烈士。打从我记事起，母亲就常和我说："你大伯是跟着一二〇师贺龙的部队走的，这以后一趟也没回来过。"

（本文选自《衡水日报》）

八路军曹坝岗五勇士

——毙伤数百日伪军后跳崖

文 / 马拉松　郭守伟

1942 年 12 月 27 日，日军从宛平、怀柔、房山等据点纠集了两千余日军和伪军，分兵三路向我平西根据地进犯。其中，日军主力一千余人，向我晋察冀军区十一分区驻地曹坝岗村猛扑过来，妄图一口“吃掉”我七团，直接威胁驻福山口的分区首脑机关和平西地委、专署。此时，留守曹坝岗的只有七团的二连和特务连两个连队，情况十分危急。七团团长陈仿仁、政委李水清立即命令特务连掩护当地群众连夜转移，令二连随时准备战斗。

二连受领任务后，在蒙蒙夜色中迅速抢占了曹坝岗村西的松树岭。松树岭由三座山峰组成，像卫士一样紧锁着通往福山口的大门。松树岭的东南面是一个二十余丈深的刀削斧劈般的悬崖绝壁，沿山梁向西南有一条狭窄的小道，通往最高峰——佛松塔。

28 日凌晨，二连刚刚占领阵地，还没来得及修筑工事，气势汹汹的日军就沿松树岭北面山坡发起冲锋。二连官兵奋力还击，打得敌人丢盔弃甲，向山下溃逃。吃了亏的敌人架起了八二钢炮，向山顶猛轰。霎时，松树岭上土石飞扬、硝烟弥漫。由于没有隐蔽工事，战士们伤亡惨重。

炮击刚停，敌人又冲上来，眼看有十几个日军已冲到阵地前沿，战士们果断跳出战壕与敌人展开肉搏战。顿时，喊杀声、刺刀的碰击声震荡山野。在官兵们的英勇抗击和侧翼火力的打击下，敌人再次被击退。接连打退敌人的三次冲锋后，山坡下、沟坎里到处是敌人的尸体。

中午时分，驻福山口的党政机关和群众转移完毕，二连接到了撤退的命令。可是敌人正如蝗虫一般往上涌，战士们根本无法撤退。这时，一排副排长李连山主动

请战："让我留下来吧！拼死也要掩护部队转移！"身边几名战友也纷纷请战，要求留下。就这样，李连山带领八班战士和全连唯一的一挺机枪留了下来，进行殊死抵抗。

日军小队长命令督战队用刺刀威逼着士兵蜂拥而上。李连山大喊一声"狠狠打"，端起机枪就向敌人猛扫，杀得眼都红了。敌人血肉横飞，狼狈败退下去。

突然，小战士王文兴大喊："副排长，快看！"李连山顺着王文兴指的方向望去，只见通往主峰佛松塔的山梁上蠕动着不少敌人。

"坏了！"李连山心里一紧，"敌人一旦占领主峰，我们不仅后退无路，还受两面夹击，怎么办？"正在他盘算下一步行动时，战士邢贵满又大喊道："排长，敌人冲上来了！"李连山转身看了一眼山下那密如蝗虫般的敌人，大声命令："机枪，扫射！"机枪手立即对准敌群一阵横扫。

待把敌人压下去后，机枪子弹也用尽了。李连山果断地对机枪班刘班长说："机枪是连队的宝贝疙瘩，说啥也不能落到敌人手里，你带副射手赶紧撤退，我们掩护！请转告团首长，我们人在阵地在，誓与阵地共存亡！"说完，李连山猛推刘班长一把："快走！"

机枪一停，敌人又发起了疯狂进攻。战士们的子弹打光了，手榴弹甩没了。他们拆掉工事，搬起石头向敌人砸去。李连山看到身边仅剩王文兴、宋聚奎、刘荣奎、邢贵满四名战士，而敌人已冲向山顶，他把牙一咬，大声喊道："上刺刀，拼！"

一场白刃战在松树岭上展开了。李连山一连刺死了三个日军，当他把刺刀刺入第四个日军的胸膛时，由于一天一夜没吃一口饭，没喝一口水，他顿时感觉头晕目眩，刺刀拔不出来了。一个日军从背后刺了他一刀，剧痛使李连山惊醒。他猛地用力拔出刺刀，转身向日军扑去，吓得日军连连后退。这时，一颗流弹打中了他的臂膀，他用力喊道："同志们，誓死也不当俘虏，把枪砸了，跳崖！"

"死也不当俘虏！"战士们齐声应道。

李连山未来得及跳下即中弹牺牲，滚落悬崖。刘荣奎、宋聚奎把枪扔下了悬崖，手拉手一起跳了下去。邢贵满倒退着，用尽最后力气刺死了一个日军后，怀抱着"三八大盖"，跳了下去。小战士王文兴拔下刺刀，插在了隐蔽的石缝里，纵身跳了下去。

"打倒日本帝国主义！""中国共产党万岁！"战士们跳崖时高呼的口号，如阵阵惊雷在山壑中回荡。

付出巨大代价才爬上松树岭山顶的敌人，被五名勇士的壮举惊呆了。他们没敢进犯福山口，而是抬着一百多具死尸，拖着数百名伤兵，连夜缩回了据点。

听着远方的枪声由密到疏，渐渐地停了下来，团政委李水清摘下帽子，久久地望着松树岭的方向。官兵们眼含泪水，每个人都知道，这意味着什么。

第二天，七团官兵和乡亲们又回到了曹坝岗村。在悬崖底部，他们找到了五位勇士的遗体：李连山身上多处负伤，双拳紧握，两眼圆睁；刘荣奎、宋聚奎两人手拉手躺在血泊之中；邢贵满背靠峭壁，怀里还抱着他的“三八大盖”；而刚满十八岁的王文兴，则用那条他平时舍不得用的新毛巾蒙住了双眼……

掩埋英雄六天之后，1943 年 1 月 5 日，晋察冀军区司令员兼政委聂荣臻、副司令员萧克签署嘉奖令，表彰五勇士的英雄事迹，称赞他们“宁死不当俘虏，英勇顽强，精神可佩”！

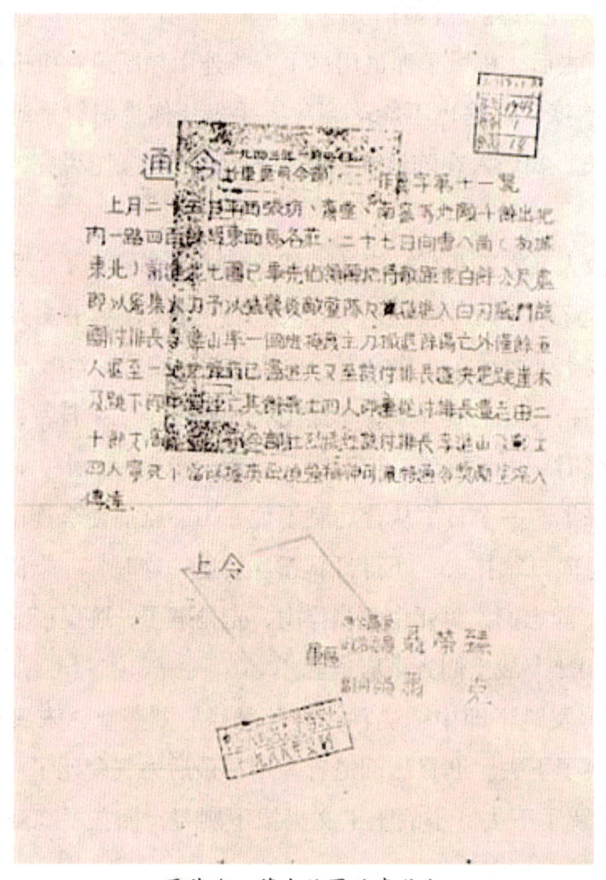
通令

上令

聂荣臻、萧克签署的嘉奖令

（本文选自《解放军报》）

八路军拯救日本小女孩的往事

文／马鸿雁

1940年8月20日，杨成武率部参加了著名的“百团大战”。在战役第一阶段，他率部参加正太线破袭战，指挥了井陉战斗。

21日，三团攻占东王舍煤矿，二团攻占日军蔡庄据点，十六团攻克北峪等日军据点。东王舍矿区战斗告捷，杨成武对三个团的战斗十分满意，忽然接到报告说：三团一营四连连长韩金铭和通信员杨仲山冒着生命危险，从新井火车站的废墟中救出了两个幸存的日本小姑娘，大的五六岁，小的还在襁褓之中。她们的父亲——火车站的日本副站长受了重伤，经抢救无效殒命，她们的母亲也在炮火中死亡。部队从战火里救起她们的时候，那个不满周岁的女孩伤势很重。杨成武听到报告后，就嘱咐前线战士好好照顾孩子，并立即把她们送到前方指挥部来。

当天，一营营部侦察员把两个孩子放在一对箩筐里，轮流挑着送到了杨成武的前线指挥所。杨成武发现小女婴右肩胛受了伤，马上让军医疗伤，使她脱离了危险，还找来奶妈给女婴喂奶。随后，杨成武向聂荣臻报告了此事。聂荣臻称赞说，这是一件很有意义的事，并让杨成武把两个日本小姑娘送到师部前方指挥所。杨成武便派分区政治部通信员封奇书用箩筐挑着两个孩子，将其送到指挥所聂荣臻处。

见到两个孩子后，聂荣臻先抱起那个受伤的婴儿，看到伤口包扎得很好，孩子安静地睡着了。于是聂荣臻嘱咐医生和警卫员好好护理这个孩子，又让看看附近村里有没有正在哺乳期的妇女，赶快给孩子喂喂奶。姐姐很讨人喜欢，聂荣臻就牵着她的手，拿梨给她吃。小女孩开始不肯吃，看到聂荣臻用水将梨冲洗干净后，她才接了过去。把两个孩子安顿下来后，聂荣臻让炊事员做了一盆稀饭，把那个稍大些的小女孩拉在怀里，用小勺喂她。小女孩就显得不那么拘束了。两个小孩在指挥所停留期间，大一点的孩子一直跟着聂荣臻，聂荣臻走到哪里，她跟到哪里，还用小手拽着聂荣臻的裤腿。

聂荣臻考虑：如果养起来，激烈的战事不知何时结束，边区的环境不仅艰苦，而且敌人“扫荡”频繁，部队经常转移，照顾两个小孩子，将有不少困难；再说，两个孤苦伶仃的孩子留在异国他乡，大的五六岁了，已经开始懂事，留下来她很可能会伤感的。她们失去了父母，只剩姐妹二人，不在本国的土地上，将来也会给她们造成痛苦。如果送回去，她们的爸爸妈妈虽然死了，但家里总还会有亲戚朋友可以照应。于是，聂荣臻决定送两个小女孩回日军占领下的石家庄。

1940 年聂荣臻与刚被救出的美穗子合影

聂荣臻安排找了一个可靠的老乡李华堂，准备了一副挑子，让他负责将两个小孩挑到日军驻扎地点。临走前，聂荣臻和指挥所的几个同志担心孩子在路上哭，就在筐里装了许多梨。聂荣臻还给日本官兵写了一封信，这封信的原文是：

日本军官长士兵诸君：

日阀横暴，侵我中华，战争延绵于兹四年矣。中日两国人民死伤残废者不知凡几，辗转流离者，又不知凡几。此种惨痛事件，其责任应完全由日阀负之。

此次我军进击正太线，收复东王舍，带来日本弱女二人。其母不幸死于炮火中，其父于矿井着火时受重伤，经我救治无效，不幸殒命。余此伶仃孤苦之幼女，一女仅五六龄，一女尚在襁褓中，彷徨无依，情殊可悯。经我收容抚育后，兹特着人送还，请转交其亲属抚养，幸勿使彼辈无辜孤女沦落异域，葬身沟壑而后已。

中日两国人民本无仇怨，不图日阀专政，逞其凶毒，内则横征暴敛，外则制造战争。致使日本人民起居不安，生活困难，背井离乡，触冒烽火，寡人之妻，孤人之子，独人父母。对于中国和平居民，则更肆行烧杀淫掠，惨无人道，死伤流亡，痛剧创深。此实中日两大民族空前之浩劫，日阀之万恶罪行也。

但中国人民决不以日本士兵及人民为仇敌，所以坚持抗战，誓死抗日者，迫于日阀侵略而自卫耳。而侵略中国亦非日本士兵及人民之志愿，亦不过为日阀胁从耳。为今之计，中日两国之士兵及人民应携起手来，立即反对与消灭此种罪恶战争，打倒日本军阀财阀，以争取两大民族真正的解放自由与幸福。否则中国人民固将更增艰苦，而君辈前途将亦不堪设想矣。

我八路军本国际主义之精神，至仁至义，有始有终，必当为中华民族之生存与人类之永久和平而奋斗到底，必当与野蛮横暴之日阀血战到底。深望君等幡然觉醒，与中国士兵人民齐心合力，共谋解放，则日本幸甚，中国亦幸甚。

专此即颂

安好

聂荣臻

八月二十二日

李华堂和另外一名八路军战士刚走不远，就被前方一阵枪声给挡了回来。他们只好将聂司令员的信和孩子交给当地群众。各村都很重视护送日本孤女的任务，此后又交接了几次，最后把两个孩子送到了微水村日军据点。不久，不满周岁的小女孩因营养不良死在日军石门医院，而大女孩加藤美穗子的伯父加藤国雄来到石家庄的日军石门医院，把她接回日本。

此事在日军内部引起极大的震动，连日军也回了信，说八路军这样做，他们很感谢。

（本文选自《人民政协报》）

平型关大战中的梁兴初

文 / 欧阳球琳

梁兴初

在我们共和国的将军谱里，梁兴初将军以善打恶仗、硬仗、血仗著称。从平型关的六八五团营长到黑山阻击战的第十纵队司令员，从任四野三十八军军长到任中国人民志愿军二十兵团代司令员，他在战场上是最使敌人闻风丧胆的猛将。朝鲜三所里一战，让彭德怀喊出了："三十八军万岁！"

平型关战役是八路军扬威天下、令日军丧胆的一次战役。

1937 年 9 月下旬，日本侵略军第五师团第二十一旅团向山西灵丘县平型关进攻。国民党阎锡山部的守军，自 9 月 21 日以来，纷纷向平型关内撤退。八路军

一一五师，就在这时开赴前线，寻找战机，打击日军。

梁兴初时任一一五师六八五团一营营长。他是江西吉安县人，铁匠出身，大个子、大长脸、大嘴巴，眼睛并不大，但是只要一上火线，眼珠子便睁得老大。也许是三载打铁抡锤练就的过硬功夫吧，杀起敌人来，手劲特别大。1930 年 10 月，他在红四军当班长，参加反国民党蒋介石发动的第一次“围剿”中央革命根据地的战斗，身中三枪，满身是血，不下火线。当时只有十八岁的他，拿了一把大刀，一步一瘸地冲进敌阵，手起刀落，接连砍倒二十多个敌人，他的样子，让那些缴械投降的俘虏浑身打抖。红军长征过了六盘山，在青石咀村攻打敌人的骑兵，梁兴初只带了三十六位英雄战士去袭击两连敌骑兵的正面，结果红军取胜，于是用缴来的骑兵装备建立了第一个红军骑兵连，由毛主席、朱总司令点将，要他当第一个骑兵侦察连连长。这次攻打平型关，师、团首长又决定让梁兴初挑大梁，要他打最险恶的“蛇头”。

9 月 21 日，天下大雨。一一五师沿着同蒲路向北开去，阎锡山的军队向南退走，两军擦肩而过。国民党军一个上尉问梁兴初：“你们往哪开呀？”梁兴初看到他们的军队歪戴着帽子，用枪挑着弹药、包袱，不屑地一笑：“上前线打日军！”“日军的飞机、大炮厉害呀！”“我们八路军的步枪、手榴弹更厉害！”“哈哈，你吹牛！凭你们几个吹火筒、大刀片，能打日军？我们的装备比你们好多了，都不敢和日军干下去。”“你们不信，就看老子去打吧！我们绝不会像你们这个熊样溜走。”

层层叠叠的群山，高与天齐。一条黄色耀眼的公路，从崇山峻岭的隙缝中蜿蜒而出，一直与西面的高山连在一起。西面高山之中就是平型关。杨得志团长布置梁兴初在平型关东侧至东河南镇乔沟老爷庙公路旁的山梁，郑重地对他说：“打蛇要打烂蛇头！这里就是砸蛇头的阵地。这里是关系平型关战役成败的重要位置，所以师首长要把你摆在这里。”梁兴初毫不犹豫地说：“是！坚决完成杀敌任务！”

24 日深夜 12 时，梁兴初带领他的一营人马出发，未到天明就埋伏在指定的阵地上，严阵以待。由于这里是这次战役的关键位置，师长林彪亲自去到梁兴初营的阵地检查，具体部署了作战方案。

25 日上午 8 时，日军来了，足足有二百余辆军车满载日军，最前一辆插着一面太阳旗。一百多辆大车和一队骡马，载着军用物资随后跟进，还有许多拉山炮的车和他们最厉害的炮队，接着开过来的是骑兵。车声呜呜，马蹄锵锵，声势煞是浩大。那些侵略军，谈笑自若，满不在乎。

梁兴初这员虎将和他训练有素的一营虎兵，个个握紧手榴弹，瞪大眼睛看着得意扬扬的敌兵，气得咬牙，怎么还不发出打的命令呢？

大概是天下了大雨，公路泥泞不堪，敌军的车辆行至兴庄与老爷庙之间后停下来了。西进的敌军还在向前涌，人、马、炮挤成一团，这真是个开火的好时机。就在这时，梁兴初抓起耳机听到师指挥部的命令："攻击开始，打！"梁兴初打响了平型关战役第一枪。霎时，两侧山头都怒吼起来了！六八五、六八六团的机枪、步枪、手榴弹、迫击炮一起发射。梁兴初指挥他的营，狠砸"蛇头"——敌人的炮队。

平型关大战照片

日军一听枪响，马上向正前方冲去，可是紧夹公路的两边山头，炮火猛烈，公路又窄，人马疏散不开，敌人乱了套，车撞车，人碰人，马嘶嘶乱叫乱跑，踩在人的身上。日军本想凭借他们厉害的炮队，掩护冲出缺口，但炮队在梁兴初的打击下，自己招架不住，趴在车下。他们的八八小炮，只能朝天打，有的炮弹还落在自己头上。梁兴初一看，砸烂"蛇头"的时刻到了！他嘶喊一声："冲啊，杀！"数百个杀敌的英雄健儿，杀下山冈，把缩在车下的日军炮兵，一个个宰了。日军指挥官见炮队已垮，部队又被截成几股，唯一的出路是老爷庙前的缺口，便指挥部队向缺口冲。这支自称是日本"王牌铁军"的部队毕竟比其他日本侵略军要强悍，尽管我们守缺口的六八七团手榴弹连珠炮似的扔在日军头上，机枪也如暴雨般打向敌人，他们一批批倒下了，但有的亡命之徒还是冲了上来，一部分已占据了老爷庙。情况对我们十分不利，师长立即下达命令，要司号长吹号调梁兴初这个营立即增援，堵住缺口，夺回老爷庙。

梁兴初马上率领他的全营战士，每人除了原有装备，加背了两枚六十多斤的滚

雷（阎锡山撤军时嫌其笨重丢下的），像猿猴那样敏捷地登上了老爷庙山的峰顶。敌人一见，也来抢夺这个制高点。梁兴初一声怒吼：“打！”放下三十多枚滚雷，沿山滚去，炸得往上爬的日军血肉横飞。日军队长又指挥第二批敢死队往上冲，那些穿着大皮鞋的敌兵，拱起屁股做狗爬，爬到半山腰，梁兴初又集中四十多枚滚雷，居高临下往敌群中滚去，敌军又被炸死一大群。最后一次，敌人集中火力打向梁兴初，梁兴初也集中滚雷、手榴弹、机枪、步枪一起向冲上来的敌人横扫。敌人倒下了许多，但还是嗷嗷直叫着往上冲。梁兴初瞪大眼睛大喊一声：“冲下去，杀他个痛快！”他身先士卒与日军刺刀见红。直杀得天昏地暗，日月无光。守卫老爷庙的我军战士也有伤亡，杨勇副团长受了伤，梁兴初臂上中了一刀，他满身是敌人的血和自己的血，依然冲在前、杀在前，口里声声呐喊：“同志们，为国家民族报仇雪耻的时刻到了！冲啊，杀！”一直打到下午1时，六八七团攻上来了，两面夹击，将敌人全歼于兴庄至老爷庙的山沟里。公路上躺着一千多具敌军尸体。战马、汽车、大炮、八八小炮，丢弃满地。疯狂残暴凶恶的日军板垣师团二十一旅团，在中国人民的铁拳打击下，遭到了彻底的毁灭。

（本文选自光明网）

身先士卒一虎将

——记叶成焕烈士

文/王树林　尹龙玉

叶成焕

1938年4月18日，朱德总司令专程从八路军总部赶到山西省榆社县郝北村，向一位烈士的遗体告别。这天，八路军一二九师为这位烈士举行了隆重的入葬仪式。烈士的灵柩被缓缓地放入墓穴后，一二九师师长刘伯承手握铁锹，铲起第一锹黄土，覆盖在灵柩上。接着，副师长徐向前、政委邓小平、旅长陈赓和干部战士代表依次铲土，垒起了一座新坟。

这位烈士，就是叶成焕。

叶成焕是河南省新县郭家河乡吴河村人，1914年10月19日生，1929年十五岁时参加革命，当年加入中国共产党。

他在红军中历任指导员、营政委、团政委、师政委，多次率领部队打硬仗、打苦仗、立战功，是四方面军里的一员著名战将。

1937年七七事变后，中国共产党和国民党达成协议，把在陕甘宁边区的红军主力改编为国民革命军第八路军（后改称第十八集团军，仍沿用八路军番号），四方面军三十一军九十二师奉命改编为八路军一二九师三八六旅七七二团。当时二十三岁的叶成焕由师政委改任团长。

从红军改为国民党军队序列，叶成焕在感情上总觉得别扭。他常从怀里摸出那顶破旧的八角帽，深情地抚摸着……

叶成焕是一位党性观念很强的人，他很快地理解了国共合作抗日的伟大意义，于同年9月20日，按照党中央关于在太行山一带建立敌后抗日根据地的战略部署，带领七七二团随旅部向太行山地区挺进。

10月19日，叶成焕率七七二团到达平定县城以东的石门口。当时，日军第二十师团、一〇九师团正在猛攻晋东著名关隘娘子关，并已占领娘子关东南旧关等重要阵地；其主力一部经九龙关、测鱼镇等处，向正太路南侧山地西犯。该线国民党曾万钟军一部和武士敏一六九师已被日军围困在旧关以南山地，娘子关告急，晋东前线形势十分危急。三八六旅陈赓旅长命令叶成焕带七七二团隐蔽集结于井隆南十五里的于家沟，伺机而动。

21日夜，天黑得像涂了墨。在红军时就常使用夜战的叶成焕，考虑到与敌初战，决定抓住这个好时机，打敌人一个措手不及。他派副团长王近山带领三营，进入地形复杂的长生口设伏。由井陉西犯的日军约一个中队一进入长生口，就被猛烈的手榴弹炸得人仰马翻，失去了还手之力。这一仗，经过1个多小时的激战，毙敌四五十人，打胜了奔赴抗日前线的头一仗。

经过几次交锋后，叶成焕对日本军队活动的特点有了了解，利用其骄狂麻痹的心理，又率部于10月26—28日三天内，在河北省井陉县测鱼镇通往平定的七亘村连续两次设伏，出奇制胜，以小的代价取得了歼敌二百五十余人的战绩。

11月2日，敌十二师团一三五联队经黄岩底向昔阳进犯。叶成焕按照陈赓旅长的命令，率七七二团占领巩家庄以东高地，准备伏击敌人。当日下午，敌人在三八六旅七七一团扼守的凤居阵地前受挫，向黄岩底河滩一带溃逃。

在敌人翼侧高地的叶成焕，观察到敌人队形不整、人员密集、后退慌张，便果断地放弃原来的伏击计划，命令部队集中火力，向后退之敌实施火力突袭。霎时，枪声骤起，打得敌人东躲西藏。日军军官驱赶士兵冲击，然而，日本兵的军国主义思想终究抵不住子弹，不一会儿，日军官兵约有三百人倒地毙命。

七七二团初上太行山，在叶成焕的指挥下，接连打了长生口、七亘村、黄岩底几个漂亮仗，打出了“老二团”的威风。

继长生口诱伏战之后，刘伯承、邓小平于1938年3月安排了一个更大的打击敌人的计划：以“攻其所必救，歼其救者”的战法，令三八五旅的七六九团为左翼队，袭击黎城，引诱潞城的敌人来援；以三八六旅为右翼，在潞城与潞河村之间的神头岭地区设伏，歼灭由潞城向黎城增援之敌。

根据勘察，陈赓旅长在神头岭地区给日军布置了一个“口袋”：以七七二团埋伏于邯（郸）长（治）公路以北、神头以东高地及安南岭西北高地，实施主要突击；由辽县、黎城、涉县一带的游击队和民兵组成的补充团设伏于对面的鞋底村一带。

3月15日，天发亮了。叶成焕从望远镜里看到公路上尘土飞扬，敌人快要接近埋伏区了。他立即向设伏部队发出命令：“注意隐蔽，准备战斗！”战士们设伏在距大路仅二百多米远的工事里。9时许，日军十六师团部队并带一〇八师团笹尾部队一个辎重队，前来救援黎城，前后是步骑兵，大车队居中拉了几里长。敌先头部队进至神头村集结休息，派出骑兵搜索分队向七七二团一营埋伏地点搜索。眼看敌人骑兵就要踩到战士头上了……

部队伪装严密，敌人对眼前不远处的工事根本没有发现。

不一会儿工夫，敌人的大队人马终于大摇大摆地钻进了八路军布好的“口袋”里。

这时叶成焕喊了声：“开始攻击！”顷刻间，战士们从工事里、草丛里跳出来，将一排排手榴弹朝公路上的日军砸去。随着撼天震地的爆炸声，神头岭区周围硝烟腾空而起，黄土裹着弹片四面横飞。日军的队形一下子变成了一条狂跳的火龙。

“冲啊！”“杀呀！”战士们端起明晃晃的刺刀，漫山遍野地扑向日军。

就在敌我双方杀得难分难解之时，一阵喊杀声从天而降，埋伏在申家山的七七二团二营冲过来，将敌人切成数段。失去指挥的日军四处奔逃，被八路军战士一一围歼。这时，有一股残敌约三百人窜入神头村。

叶成焕见状，立即按旅长的命令先派一个排向敌人出击，随后他亲率一个连扑向神头村。于是，叶成焕指挥八连同日军展开了空前激烈的拉锯战。

在神头村，残敌顶不住八路军战士的猛打猛冲，被全部消灭了。

神头岭伏击战，八路军一二九师共歼日军一千五百余人。对于这一战，日军一〇八师团一个伍长在《阵中日记》里描述了日军失败的惨状：“……一〇八师团这样的损害是从来没有的……潞安到黎城的道上，鲜血这边那边流着，我们的部队通过其间，直觉难过。”1938 年 4 月 15 日黄昏，陈赓旅长命令七七二团以一部兵力攻袭武乡城。

占领武乡的三千多日本兵，在城里被八路军的游击战扰得惶惶不安。他们在八路军攻击前，仓皇弃城沿武（乡）襄（垣）大道向长乐村逃窜。

陈赓旅长将部队分为左右两路：七七二团、六八九团在左，七六九团和预备队，尾左路之后，沿浊漳河北岸与南岸的山地追击日军。叶成焕依照陈赓旅长的命令，指挥七七二团先行。

途中，侦察员跑来报告说：“敌人先头部队已过长乐村，其辎重尚在白草延附近，马庄只有少数后卫部队。”此时，七七二团已到达白草延对岸的郑峪村、张庄以北高地，与七七一团两岸平行。叶成焕心想：这是急袭敌人的有利战机，若等敌人过了长乐村再打就晚了。叶成焕与随团行动的陈赓旅长研究后决定：不待后续部队赶到，两团相对突击，将敌拦腰斩断。

16 日拂晓时分，战斗在长乐村周围展开了。日军的辎重人马被压制在长乐村以西的型村、李庄、白草延、马庄一线的狭窄的河滩小路上，无法展开。

为了摆脱被动局面，敌人向七七二团发起了轮番冲击，企图占领要点，威胁八路军部队的侧后。叶成焕命令特务连抢先占领要点，集中火力对爬上半山腰的日军猛扫，打垮了日军的冲锋。

战至中午，敌一〇五联队三千余人由辽县经蟠龙赶来增援，向我主阵地实施反击。炮火十分猛烈，阵地被笼罩在浓密的烟尘之中。这时，叶成焕来到最前沿指挥战士们消灭敌人。

激战两个小时以后，辽县的敌人又派出千余人来增援。

一二九师首长认为眼下要全部消灭这股敌人没有多大把握，为巩固已得的胜利，决定以七六九团和六八九团各一部兵力在前线布成游击网，阻击和迷惑敌人，掩护主力部队撤出战斗。

叶成焕按照师、旅首长的命令，及时组织部队撤离战斗，而自己却跟着撤离的最后一个排。他边往后撤，边用望远镜观察敌情。

敌人的援兵冲到沟下了，通信员提醒他：“团长，你站在高坡上危险，赶快走吧！”“等一等再走，我在这儿看得清楚。”叶成焕没有动。一颗敌弹“嗖”地从他衣袖中穿过，他没有在意，嘴里骂了一句。第二颗子弹带着尖叫声飞过来，打中了他的头部，他倒下了。师长刘伯承得知叶成焕负伤后，来到担架前，俯身抱着叶成焕的头，连声喊着：“成焕，成焕哪……”但是叶成焕再也不能回答他敬爱的师长的呼唤了。刘伯承悲痛的眼泪滴在了叶成焕苍白的脸上……

4 月 18 日凌晨 1 时 30 分，叶成焕的心脏停止了跳动，年仅二十四岁。

长乐村战斗，歼日军两千二百余人，是一二九师粉碎日军“九路围攻”中具有决定意义的一仗。这次战斗，使日军一〇八师团遭到沉重打击，不到半个月，各路敌军纷纷溃退。八路军乘胜追击，将敌人全部赶出晋东南地区。

中华人民共和国成立后，叶成焕烈士的遗骨被迁到河北省邯郸市晋冀鲁豫烈士陵园安葬。

（本文选自《共产党抗战英杰》）

智勇双全赛“诸葛”

——记包森烈士

文 / 石滢琪

包　森

包森（1911 年—1942 年），原名赵宝森，又名赵寒，陕西蒲城人。1932 年 2 月加入中国共产党。1939 年秋，任八路军冀东军分区副司令员兼冀东八路军十三团团长，曾领导开辟盘山地区抗日根据地。1942 年 2 月 17 日，包森在遵化野瓠山牺牲，年仅三十一岁。

电影《平原游击队》中的李向阳，智勇双全，令日军闻风丧胆，抗日名将包森就被人们誉为现实版李向阳。

包森是陕西省蒲城县三合乡义龙赵家村的农民子弟，原名赵宝森。抗日战争时期，他领导的冀东八路军十三团以少胜多、以弱胜强，还曾智擒日本天皇“表弟”赤本三尼，令日军又恨又怕，常拿包森赌咒发誓：“口不应心，出门见包森。”

1939 年初，日军派赤本三尼坐镇河北遵化，对冀东根据地进行大规模“扫荡”。包森的部下王振西被日军捕获。狂妄的赤本以为八路军被消灭得差不多了，就让王振西带他去找包森，当面劝降。

1939 年 4 月，包森派七名战士到遵化东北的孟子院村附近执行侦察任务。一天上午，战士们乔装打扮成农民，在坝台上打土坯。中午时，坝台下的小路上走来三个人，战士们一眼认出，走在前边的正是战友王振西。

经过坝台时，王振西小声提醒战友：“后边是日军和翻译。”战士们不露声色，继续打坯。

日军和翻译走到坝台下时，战士们突然纵身跳下，用枪口顶住两人腰眼，大声说：“不许动！”日军还未回过神来，便成了八路军的俘虏。

战士们从翻译口中得知，活捉的日本军人竟是日军唐山特务机关长、宪兵大佐赤本三尼，据说是天皇的“表弟”。

赤本被俘后，日军出动大批兵力解救，还张贴布告，悬赏征集线索。日军还派人给八路军送信，要面呈“包长官”。信中说愿意用五十挺机枪、数十箱子弹换回赤本。包森看完信后笑着说：“告诉他们，讲条件嘛，两条：一是让他们滚出中国去，二是让他们投降。”

智擒赤本只是包森的传奇之一。

1991 年 2 月的一天，一位白发苍苍的老人走进盘山烈士纪念馆。他一进门就说：“我是日本人，白草洼战斗的幸存者，特来拜谒包森。”这位日本老人买了一个花圈，亲手书写了一副挽联：“惊弓之鸟漏网之鱼，不死之人拜谒包森。”署名：冢月正南。

1940 年 7 月 28 日，包森在白草洼设伏，围歼号称“常胜军”的关东军武岛骑兵队七十多人。除了一个日军开战前跑回县城报信逃脱、一个日军受伤装死逃过一劫外，其他全部被消灭。冢月正南正是白草洼战斗中的“漏网之鱼”。

1941 年 7 月，冈村宁次出任日军华北方面军司令官，在接连对冀东进行了三次“扫荡”后，因兵力不足，改调四万五千伪治安军，企图控制冀东。

当年 11 月 26 日，包森率领十三团一部发动了冀东第一次攻坚战——东双城子攻坚战，全歼敌人一个营。之后，他又在刘备寨、梁子河等地重创来敌，其中歼敌最多的是果河沿大捷。

1942 年 1 月 12 日晚，包森得知驻玉田的伪治安军第二天将进燕山口“扫荡”，便率部连夜急行军，于 13 日凌晨 1 时布阵于遵化县西南果河北岸蔡老庄、蔡二庄一线。包森以三个连兵力正面牵制，以四个连兵力分两路连夜渡河迂回至敌后的燕各庄，形成包围之势。

拂晓，战斗打响。八路军正面攻击，当即歼敌二百余人。另有三百余人在日本教官的率领下逃入山上的憋姑寺内，据险待援。

十三团三营一连久攻憋姑寺不下。包森来到阵地，无意间问三营营长耿玉辉：“老耿，你多大年纪了？”“四十岁啦！”耿玉辉说。包森长叹一声：“确实老了，不行了！”耿玉辉受不得激将，他气得甩掉棉坎肩，把眼一瞪，拔出手枪，率领全营官兵发起冲锋，寺内日军只好摇白旗投降。

果河沿大捷，八路军伤亡仅三十余人，俘虏日军八百余人。

令人惋惜的是，智勇双全的包森没有看到最后的胜利。1942 年 2 月 17 日，包森在遵化野瓠山与日军遭遇，日军突放冷枪，包森胸部中弹牺牲，时年三十一岁。

包森烈士之墓

“千里击强虏，剑吼长城东。壮岁国难死，悲歌燕赵风。”这，正是包森传奇壮丽一生的写照。

（本文选自《北京日报》）

“爆破大王”威名扬

——记马立训烈士

文/魏学诚　罗明寿

马立训

翻开《中国大百科全书·军事卷》《辞海》《中国革命史辞典》《中外军事人物辞典》等史传文著，便能清楚地看到“马立训”这个名字同古今中外诸多的著名人物排列在一起。这位在艰苦的抗战岁月中成长起来的英雄，善于爆破，先后革新和创造了偷爆、巧爆、强爆技术，直接炸死侵华日军和伪军五百多人。为此，山东军民叫他“爆破大王”。1944 年，八路军山东军区授予他“特等爆破英雄”称号。

马立训，1920 年生于山东淄川（现淄博市淄川区）的一个矿工家庭。

他从小失去母亲，在煤窑里辛苦了大半辈子的父亲也在一次塌方事故中惨死。

为求生计，他被迫下煤窑做童工。十八岁那年，一位姓郝的大叔帮他逃出了煤窑。1940 年 4 月，他参加了八路军，被编入山东纵队第四支队十二连。

马立训勤学苦练，终于练出一手好功夫：投弹、射击、刺杀门门通，样样会。后来，领导选派他学了半年多的工兵技术，为他以后全面掌握和熟练运用爆破技术打下了坚实的基础。打山东莱芜吴家洼敌人据点时，他和两名战友一起实施爆破成功，使三十多个日伪军在六七米高的黄土坯炮楼下进了坟墓。

1942 年春，马立训所在的连队被整编为山东纵队一旅三团一连。夏初，三团重返鲁南，担负坚持天宝山、尼山地区抗日斗争的任务。当时鲁南抗日根据地被分割为几小块，日伪军时常进行“扫荡”“清剿”。为粉碎敌人的碉堡政策，三团许多指战员学会了爆破技术。自 1941 年底起，他们多次采用爆破攻克敌据点，积累了攻坚作战经验。马立训使用炸药爆破的技术在全团最好，在多次战斗中，他创造了屡爆屡胜的“神炮”奇迹。

1942 年 8 月 8 日，三团和尼山支队奉令奔袭孙徐据点，歼灭伪军张显荣部。

孙徐是泗水县城南较大的村落，分南北两个围寨，北孙徐围墙四角有突出的炮楼，村中有中心炮楼。这天傍晚，马立训身背五十多斤重的炸药包，跟随部队走在前卫排的行列中。突击连绕村避店，选择小道，长途奔袭五十余里，悄悄地摸到北孙徐庄外。这时，马立训挟着一个炸药包，巧妙地从一个草垛进到另一个草垛，摸到敌人的围墙脚，迅速放好炸药包，点燃了导火索。他回到原处，炸药包“轰”的一声响了，顿时，敌人枪声大作。突击连连长指挥两挺机枪和步枪火力掩护，马立训又背起一包约三十斤重的炸药，急速跃到第一次爆破处，把炸药包稳稳当当地放在刚炸出的坑里，进行彻底摧毁敌围墙和炮楼的爆破。他刚返回出发地，“轰隆”一声震天响，敌人围墙的东南角被撕开一条六七米宽的口子，炮楼被震垮。在突击连迅速冲入围寨时，三营也从围墙的西北角突了进去，对敌人形成了夹攻之势，很快歼灭和俘虏了一部分敌人。可是，敌人仍在中心碉堡顽抗。为了全歼守敌，马立训在一个断墙犄角处仔细观察，发现敌中心碉堡西南背面是个死角。马立训在指导员指挥的火力掩护下，立刻把两个炸药包送到中心碉堡，点燃了导火索。在巨大的轰响声中，碉堡变成了一堆破砖烂土。碉堡底层的敌人被埋葬在里边，碉堡中的敌人被炸得骨飞肉散，几十名敌人全被消灭。此役，由于马立训及时准确的爆破，八路军以负伤二人的代价，取得歼俘四十余个敌人的胜利。

打下孙徐后，三团又以爆破突击手段，先后攻克费县西高村，滕县马山头、上庄，邹县后五村等日伪军据点多处。“八路军使用的炸药包赛过‘神炮’”“老三团有一个‘爆破大王’马立训”的传说，使敌人闻风丧胆。

被“爆破大王”马立训炸毁的敌围及村中央炮楼

在1943年11月进行的柱子村战斗中，马立训又一次显了神威。

费县城南四十里处的柱子村及其周围据点被日伪军刘桂棠部所盘踞，1943年11月15日攻打东柱子村的这天夜间，马立训的爆破组随突击连经过五十里长途疾进，在东柱子村外围一片洼地里停下来。不一会儿，通信员跑来传达王吉文团长发起战斗的命令。连长立刻对马立训说：“开始！”马立训扛起炸药包，“嗖”地跃出掩体，箭似的向前冲去。

朦胧的月光下，正在向敌人靠近的马立训被炮楼里的敌人发现，密集的火力压得他不能抬头。连长令机枪掩护，但封住了敌人这个枪眼，敌人另一个枪眼又打开了。这时，马立训心里十分焦急，暗暗下定决心：“就是牺牲，我也要想办法炸开墙，为突击部队打开通路！”正巧，身边有一条小水沟，他一个滚翻到了沟里，绕过小土堆往前爬到副手刘炳坤跟前。他俩正商量如何把敌人的火力引开，突然，一发子弹从他帽子上擦过。他心里一亮，忙脱下帽子，把白帽里翻在外面，用树枝顶上，插到右边几十步的地方，晃了几下，然后迅速离开。这一招果然见效，敌人的步枪、机枪一齐朝着这顶帽子打来。霎时，马立训已冲到围墙根，把绑缚炸药包的木棒往地上一插，迅速点燃导火索。他刚顺左墙根跑了几十步，“轰隆”一声，一团火光夹杂着敌人的尸体飞上半空，炮楼不见了。紧接着又一声巨响，内墙被掀开一个缺口。连续爆破成功，主攻部队冲进围寨内，与敌人展开激烈巷战。敌人企图抢占和封锁突破口，马立训率爆破组，一齐把特制的炸药包、手榴弹掷过去。一包炸药投入了马棚，成群的战马受惊，挣脱缰绳狂奔嘶叫，敌人的企图被打破。进攻部队如潮水一般涌进东柱子村，枪声、喊声交织在一起，敌人迅速瓦解，纷纷缴枪投降。此役，共毙敌二百二十四人，俘敌一千人；缴获各种枪支一千多支、战马

七十余匹、军用物资一大批。

1944 年春，山东八路军发起了拔除平邑至城后公路上的庞庄据点的战斗。这时马立训已升任排长，他带一名侦察员化装潜入庞庄，事先对敌人的工事情况作了侦察。

庞庄有伪军一百八十余人，还有一道围墙，墙外挖了一道护城壕，壕内全是水，壕外有铁丝网、鹿寨，形成天然屏障，只有一条向南的道路。护城壕上面架了座吊桥。

经过一番研究以后，马立训带领爆破组在一片坟地里进行战前演练。他们在炸药包里放上铁砂，增强爆破厚围墙的爆炸力。他们演练了如何缩短爆破过程的时间，还分别试验了燃烧完约十七厘米、三十三厘米、五十厘米、六十七厘米长的导火索的时间。马立训说："庞庄敌人工事由一层变成了几层，必须连续强爆。"他想出"快送快炸"的打法，用爆破掩护爆破，连续炸开几层敌人工事。经过演练，爆破组员有了底。

1944 年 5 月 24 日夜间，马立训和爆破组战士们随着先头小分队，疾速而隐蔽地接近庞庄南门，按预定方案开始战斗。先由一名爆破手把一包炸药塞入鹿寨，点燃导火索，迅速离开。马立训见敌人吊桥未收起，听到"轰"的一声响，不等上级命令，趁浓浓烟雾将第二个炸药包送到围门上返回。连长下令爆门时，靠在围门上的炸药包已经响了。

轰隆隆的爆破声惊醒了敌人，据点里的伪军心惊肉跳，乱喊乱叫。"铁打的庞庄"顿时变成了烂豆腐。敌人有的被震死，有的被埋在土里，有的被炸得魂飞魄散。勇士们冲进去迅速消灭了敌人。第二天，由城后据点来援的日军一个小队，也被打援的二、三连消灭，俘日军二人，击毙二十余人。

经过血与火的锤炼，马立训于 1944 年 4 月加入了中国共产党。这年秋天，他出席八路军山东军区召开的战斗英雄代表大会，被授予"特等爆破英雄"的称号。山东军区还发出开展向马立训学习的决定。之后，在鲁南八路军攻打东湖、泗水城等战斗中，马立训参与执行爆破任务，不断为战斗胜利作出重大贡献。

不幸的是，1945 年 8 月 5 日，在攻打滕县阎村的战斗中，马立训因胸部中弹而壮烈牺牲。

为纪念这位人民英雄，八路军鲁南军分区命名他所在的排为"马立训排"，阎村被命名为"马立训村"。

（本文选自《共产党抗战英杰》）

亲历百团大战的八路军老战士：李彦谟

口述/李彦谟　整理/杜　琛

夕阳下，我幸运地见到了朱德和彭德怀

六十多年前，我们几乎天天在烽火中出没。说不准什么时候，日本侵略者的炸弹就从空中扔了下来，我们砖壁村（隶属山西武乡县）是最惨的，因为这里就是当年八路军的总部。

那是1939年7月一个夕阳就要落山的黄昏，只有百十来户的砖壁村突然来了很多穿灰色军装的军人，都没有戴袖章，村民不知道这是一支什么队伍。两个"大官"模样的人走在最前面，一个高大威猛，满脸笑容；另一个个头不高，表情严肃。

当时，我正在地主家给牛拌草，看他们朝我这边走来，有些害怕，转身想跑。突然，前面那人温和地对我说："小伙子，别怕，我们是八路军，专门来打日本兵的。"后来才知道，跟我说话的人就是八路军副总司令彭德怀，另一位就是朱德总司令。

他们径直进了地主家，并很快安顿下来。朱德和彭德怀被安排到南边的两间房子里，地主两兄弟仍住北面，我还是住院子东面，紧挨着两位总司令。我时常看见几位八路军将领聚在彭德怀的屋内，借着微弱的油灯灯光整夜讨论军事问题。

空闲时，朱德、彭德怀还经常帮我们收割、打场、推碾子。除了发动群众积极抗日，他们还帮助群众解决困难。日军"扫荡"时烧了一户人家的房子，朱总司令就和警卫员一起爬上屋顶，帮助老乡修好；一个老乡的孩子掉到了井里，左权将军下到井底把孩子救了出来。八路军的真诚打动了乡亲们，乡亲们的抗日热情越来越高。

1939年，日军对晋东南根据地发动大围攻，八路军总部机关被迫进驻砖壁村，这里南、北、西三面临崖，仅有一条峡谷小道可接通内外；东面靠山，经两道壕沟，

可进入崇山峻岭之中，是一块天然的战略要地。百团大战前后，八路军在这里三进三出，这里成为八路军著名的革命实践之地。

给爷爷报仇，我参加八路军多亏彭德怀夫人“说情”

那时我是儿童团团长，还不是真正的八路军战士。平时除了帮朱德和彭德怀喂军马，还带着红缨枪、大刀和妇女们一起在村头放哨。如果有外面的人来砖壁村，我负责检查他们的身份。如果他们没有所在地开的“抗日村公所路条”，我就不让他们进村，防止特务混入八路军总部。

但日军还是通过情报获悉八路军总部就在我们村，于是一次次对这里发动围攻。

6月底，冈崎大队长带着上千日军来围攻砖壁村。八路军总部在百姓的配合下迅速转移至王家峪，村里只留下那些不愿走的老人。日军在村中没有找到八路军，就开始威胁老人，但谁都说不知道。冈崎咆哮着吩咐两个日本兵将两位老人拖出人群，推倒在地，狠狠地用枪托砸他们的脑袋。其中的一个就是我爷爷。鲜血模糊了他们的脑袋，染红了日军的枪托。后来日军又用枪砸老人的胸部，旁边的乡亲几次上前制止，都被日军的刺刀挡了回去。没几分钟，两位老人就奄奄一息了。

当天夜里，我回村看到惨死的爷爷，悲愤难抑。我知道要让爷爷在地下安息，唯一的方法就是去杀日军。掩埋好爷爷的尸体回到总司令的住处后，我大声对彭副总司令说：“我要当八路军杀日军，给爷爷报仇！”

我当时只有十六岁，彭副总司令拍拍我的肩膀说：“你还小，等你大一点，一定收你。”我说：“不，我已经十七岁了，可以扛枪。”彭副总司令还是没有同意。这时，他的夫人浦安修过来劝说：“收下小李子吧，让他在部队中成长。”

于是，我成了一名八路军战士，这样才有了机会参加“百团大战”。在当时全国抗日最激烈的太行山区，无数青年就这样走上了抗日的道路。

抗日的烽火在太行山区熊熊燃烧着……

破坏交通线，一晚将十公里铁轨“拧”成麻花

我们的队伍越来越壮大，而“百团大战”的帷幕也拉开了。

自1939年夏开始，日军以交通线为依托，对华北连续发动大规模“扫荡”，大肆挖沟筑堡，确立了“以铁路为柱，公路为链，据点为锁”的“囚笼政策”，妄图困死华北的抗日军民。

为了打破日军的“囚笼政策”，改善华北态势，朱德总司令、彭德怀副总司令和左权副参谋长经研究后决定，抓住1940年夏季华北日军“扫荡”后兵力分散、呼应困难的时机，组织一次大规模进攻战役。

百团大战

1940年7月22日，八路军总部在砖壁村发布了“百团大战”的命令。

不久，战斗打响了，八路军以正太铁路为重点对敌人的交通实施总破坏，破坏行动一般在凌晨进行。趁敌人疏于防范之际，潜伏在路边的八路军用铁锹、洋镐等工具将敌人的铁轨拧成麻花状。另外，日军主要的运输公路也被我们挖得像蜂窝一样。

记得一个大雨倾盆的晚上，我们一连夺取了日军四个重要火车站，沿线十公里铁轨被拧成了“麻花”，切断了日军先头部队同其基地间的联系。

血战关家垴，一个日军被我一刀刺中腹部

记得“百团大战”最惨烈的一次是关家垴战役，这也是“百团大战”的最后一战。当时，我们隐藏在关家垴周围，冈崎带着七百多个日军向八路军总部赶来时被迅速包围，而彭老总就在离战场不远的一个山上指挥战斗。

彭德怀在百团大战前线指挥作战

被八路军包围后，日军火速从长治调来两架飞机，企图对地轰炸制造逃逸机会，但八路军战士身披草衣，日军飞机一时很难找准投掷目标。

战斗从中午开始，日军连着三次反扑，一时弹如雨下，但每次都没前进几十米，就被我们的火力打了回去。在对峙中，日军又困又饿，而八路军战士却能吃上百姓送来的“和子饭”（用小米和面熬制），个个显得精神抖擞。为防止日军援军赶来，总部下令迅速歼灭顽抗的日军。

冲锋号吹响了，尖兵排的战士端着刺刀，踩着遍地日军的尸体冲杀过去。日军困兽犹斗。黑暗中，只听到刺刀对刺、枪托对砸的声音中夹杂着骨头被劈断的声音。记得刚一冲进敌阵，一个日军就端着刺刀向我的心脏刺来。我急忙闪躲，他失去了重心，但马上调整身体，再次“哇哇”叫着向我刺来。我举刀挡驾，两把刺刀瞬间在空中“喀喀”作响。纠缠了几分钟后，日军有些体力不支，被我一刀刺中腹部，

倒了下去。就在这时，我感到背部突然一阵刺心的疼，我知道中刀了。那一刻，我想自己完了，但当我回过头时，却见刺中我的那个日军轰然倒下。原来，是我们的排长及时救了我。因为背部受伤不是很严重，简单包扎后，我和排长打配合，两人背靠背，防止敌人从背后突袭，到战斗结束时，我们一起干掉了三个日本兵。

关家垴战役是“百团大战”中最为经典的一役，歼敌七百人，而我军的伤亡人数只有七十人。之后，轰轰烈烈的“百团大战”以胜利宣告结束，粉碎了日军的“囚笼政策”。

1940 年 8 月至 1941 年 1 月，八路军在华北出动了一百多个团的兵力，对日军展开大规模破击战。百团大战分为三个阶段：

8 月 20 日至 9 月 10 日，中心任务是交通总破袭，重点摧毁正（定）太（原）铁路，使日军在华北的主要交通线陷入瘫痪；

9 月 22 日至 10 月上旬，重点攻击交通线两侧及根据地内日伪军据点，进行榆（社）辽（县）、涞（源）灵（丘）、任（丘）河（间）大（城）肃（宁）战役及对德石、济邯、同蒲等交通线的破击战；

中旬至 1941 年 1 月，主要是反击日伪军对太行、太岳、平西、北岳、晋西北等抗日根据地的大规模报复“扫荡”。

“百团大战”仅前三个半月，进行大小战斗一千八百余次，歼灭日伪军四万六千余人，攻克据点两千九百余个，破坏铁路四百七十余公里、公路一千五百余公里，破坏桥梁、车站、隧道二百六十多处，缴获枪五千八百余支、火炮五十三门。这次战役振奋了全国人民争取抗战胜利的信心，提高了中国共产党和八路军在人民中的威望，对坚持抗战、遏制妥协投降的暗流、争取时局好转起了积极作用。

（本文选自新华网，有删节）

一位八路军老兵的抗战故事

口述 / 李　杰　整理 / 曹克诚

李　杰

1931 年，我出生于山西霍县（今霍州市）南堡村一个农民家庭。在中华民族遭受日军践踏蹂躏的战争年代，我在舅舅的引领下参加了中国共产党领导的人民军队，成了八路军太岳二分区三十八团的一名小战士，参加了八路军在太原、晋东南和晋南地区的对日作战。我亲眼看见了侵华日军惨无人道的罪恶行径，亲身经历了共产党领导的抗日军民誓死保卫国土的民族战争。我今年八十四岁了，作为抗日战争的亲历者，在全国人民隆重纪念中国抗日战争胜利暨世界反法西斯战争胜利 70 周年的今天，讲一讲我亲身经历的抗战故事，以此纪念在抗击日本侵略者战斗中牺牲的战友们和先烈们，颂扬那些为建立中华人民共和国作出突出贡献的英雄们，为党的事业增添正能量。让我们一起缅怀历史、展望未来，更加热爱我们的党、热爱我们伟大的祖国。

抗日烽烟

我的家乡——山西霍县南堡村是南同蒲铁路通往安泽县、沁源县的必经之路，由于战略地位突出，自古便是兵家必争之地。

七七事变后，日本帝国主义发动了全面侵华战争，山西也随即成为对日作战的重要战区。1938 年，日军沿同蒲铁路进犯晋南地区，国民党十七路军八十四师高桂

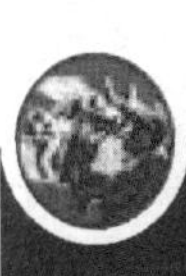

滋部移驻霍县防守，堵截日军南下。南堡村驻了该师的一个营。该营驻守期间，部队修筑工事，挖战壕，老百姓转移物资，坚壁清野，随时准备迎击日军进攻。日军在飞机、大炮的掩护下，向国民党军阵地发动了多次进攻，我抗日军民奋力反击，打退了日军的一次次进攻。1938 年 12 月，该部开赴垣曲县参加中条山会战。

坎坷历程

国民党八十四师调防之后，1938 年底日军占领了南堡村。我父亲和哥哥姐姐逃走了，母亲、我、小妹和来不及逃走的几十个乡亲被凶恶的日军赶到一个院落关押起来。第二天，日军把一头驴和一头牛拉到院内，用木棒活活打死，当时所有被关押的人都吓呆了。直到日军将被杀的驴和牛拉走后，大家悬到嗓子眼的心才稍稍放了下来。第三天深夜，父亲和六七个人冒险把我们救了出去。从日军的魔爪里逃出后，我们一家人开始了颠沛流离、背井离乡的逃难生活。1941 年腊月的一天，我父亲在给八路军送信途中被日军的巡逻队抓住，凶恶的日军在父亲的脖子上砍了一刀，父亲倒在了血泊当中。日军以为父亲死了，便将他抛弃在荒野。抗日政府发现被砍伤的父亲后，及时转移和抢救，这才保住了我父亲的一条性命。

抗日征程

1942 年 2 月的一天，我舅舅张华——时任八路军某部教导员，在得知父亲遭受了敌人伤害后，赶来看望我父亲。

舅舅看到母亲不仅要伺候伤重的父亲，还得照顾两个年幼的孩子，为了生计，便商量着把我带走，送到后方上学。舅舅带我走的那一天晚上，全家人哭成一团，依依不舍。赶了几天路，我们来到了沁源县的八路军太岳二分区三十八团驻地。舅舅准备先安顿我在部队里住下，待有机会再送我到沁源县随军学校上学。

然而不几天，日军调集了灵石县、霍县、赵城县、洪洞县大批的日军，向我根据地沁源县、安泽县进行大规模的“扫荡”，随军学校也被迫疏散转移。见此情景，舅舅请示上级后决定让我到该团二营做一名宣传员。营长姜谓阳同志给我换上新军装，并佩戴了八路军袖章。我做梦也想不到我才十一岁就成了一名光荣的革命战士，心情别提有多激动了。部队领导教育我，成为一名革命战士了，要不怕困难、不怕牺牲，要遵守“三大纪律八项注意”，一切命令听指挥。从此，我走进了革命队伍，迈上抗日的征途。

在部队，通过一段时间的学习，我初步了解了我党抗日纲领中所讲的“地不分东南西北，人不分民族、不分男女老幼的统一战线”的含义，知道了抗击日本侵略者是每一个中华儿女的保土之责，参加八路军，不仅仅是为了报自己的家仇，更是为了救中华民族于危难之际，解救被日军蹂躏的国土和国民。只有团结起来、万众一心、共赴国难，才能打倒日本帝国主义，收复失地，保卫家园。我还学习了“山西牺牲救国同盟会”的文件，逐步加深了对我党、我军和革命道理的认识，增强了抗日的信心和决心。

在部队做宣传员，要利用各种机会向民众宣传我党的抗日纲领和抗战政策。开始时我碍于面子不敢讲，但在首长和同志们的鼓励下，我认识到宣传工作也是党交给我的光荣任务，终于鼓足勇气走上了宣传台。通过一段时间的锻炼，我初步掌握了一定的宣讲方法和技巧，宣讲效果也越来越好。我们宣传队每到一处都深受老百姓的喜欢，大家都特别爱听我讲，因为他们从没想到一个十一二岁的小孩子能上台给成人宣讲革命道理。经过一个多月的宣传活动，我的宣讲效果和突出成绩受到三十八团周义中政委和崔振山参谋的多次表扬。

生死考验

1942 年夏，我随军到柏树洼村掩护群众送军粮，途中被日军包围。战斗打得十分激烈，一时难以突围。为防止军情被敌人截获，我把随身装军情材料的布包塞进一个杂草堆里。由于寡不敌众，最后我和几名战士不幸被敌人抓住，在日军军营被打得遍体鳞伤，但敌人没有从我们口中套出一个字，日本兵气得“嗷嗷”叫。接下来几天，日军采用疲劳战术，对我们轮番提审并用了重刑。日军用铁杆打我的头，我满脸都是鲜血，昏迷了整整两天。纵然敌人办法用尽，也未能征服宁死不屈的八路军战士。几天后我表哥张记管（以给敌人担水送菜为掩护，搞地下工作）买通看守牢房的伪军，过来看我并说我们的情况部队首长已知晓，组织上正在积极设法营救。

抗战时期李杰用过的公文包、腰带、子弹带、水壶、背包带

地下工作

敌人见对我们用硬的不行，就来软的。一天晚上，日军把我从狱中提出来押往当地日军司令部。司令部里，坐着大、中、小队长三个日军军官，旁边站着一个翻译官。我一进去，敌人就假惺惺地堆上笑脸，端来了水果、糖块让我吃，说了一些“皇军喜欢小孩”“皇军和中国人一贯是亲善的”以及“日中友好”“大东亚共荣”之类的话。之后敌人让我交代部队情况，我没有理睬，不说一句话。最后日军军官对翻译官耳语了几句，翻译就把我领到一间小房子里，让我住下，说今后我就在司令部打扫院子。晚上我想着牢里的战友，想着部队的首长和同志们，想着家人。心里琢磨如何利用扫地的机会和表哥联系上，和组织联系上。

在日伪军的监视下，我每天都打扫院子卫生，暗中观察敌人司令部的情况。敌人经常把一些零钱、小玩具和小纸头放到院子里不起眼的地方，我知道这是敌人在试探和观察我，我看见后一概不动这些东西。几天后表哥通过送饭的捎来口信：敌人狡猾，保护自己，单线联系，等候通知。

不几日，我得到命令：利用机会做对敌工作。内线交给我一项任务，让我利用扫地时可以自由活动的机会开展敌情侦察。经过一段时间的侦察，我基本摸清了据点内日伪军的人员、装备以及火力部署情况。用符号作为代号，如用“+”代表人、“–”代表步枪、“×”代表机枪、“/”代表大炮等，将情报送到指定地方。我出色地完成了一次次侦察任务，得到了部队首长的表扬。

在敌营的几个月里，我按照党组织和部队首长的指示，积极开展敌后革命斗争，协助营救同志和群众百余人。特别是沁源县抗日政府二区区长王维珍同志被俘后，敌人准备次日将其活埋。情况紧急，我冒着生命危险，及时将提前越狱的情报送给王维珍同志。在我的协助下，王维珍同志成功脱险，免遭敌人的毒手。后来王维珍一直把我当作救命恩人。

重归征途

1943 年秋，在接头地点对上暗号后，我接到了“目标暴露，立即撤离”的命令。回到太岳军区二分区司令部后，时任司令员的孙定国同志把我留在身边工作。在敌人多次向我根据地进行的“大扫荡”中，我跟随部队跋山涉水、翻山越岭，采取运动战和“麻雀战”，拖得敌人疲惫不堪，拔掉了多个敌人据点，有力地消耗了敌人的有生力量，取得了反“扫荡”的胜利。不论行军还是打仗，我从不叫苦叫累、贪生怕死，出色完成了部队首长交给的战斗任务。孙司令员待我如自己的孩子一般，经常教我学文化，为我缝补衣服。1944 年 5 月，组织派我去军分区抗大第一分校学习。

1945 年 8 月，我在抗大一分校学习期间，传来了日本无条件投降的喜讯，我们学员与当地群众一起彻夜欢庆这来之不易的胜利。想到结束战争并能和家人团聚，想到全国人民将能过上安居乐业的日子，我心里万分激动。

然而万万没想到的是，不久国民党又挑起了全面内战，使人民又陷入了水深火热之中。1946 年从抗大毕业后，我又回到二分区司令部参谋处任参谋，参加了陈赓指挥的上党战役。在战斗中，部队指挥所被敌重炮击中，包括我在内的五名同志受伤。我的腿部负重伤，在过沁河时被河水浸泡导致伤口发炎溃烂，不能适应部队行军和作战任务，因此上级命令我到霍县抗日民高去养伤和学习。

1947 年 2 月我伤势稍好转后，当地政府派我和成荣光、高顺生同志一道到敌占区大张村以教员身份开展敌后工作。1947 年 7 月霍县大扩军时，我带了三十多名学生回到部队，在太岳分区司令部任参谋工作。此后，我参加了解放晋南二十二个县城的战斗。

1947 年 11 月，我参加由王新亭任前委司令员、王震任政委的解放运城的攻坚战。一天，我和其他三个同志一起到前沿阵地去侦察敌情，在城南的池神庙外围进行观察时，一小股守城敌军从我们背后偷偷摸过来企图袭击，幸亏二营管理员成秀同志发现及时，我们才得以脱险。还有一次，我们在北门外十九号碉堡附近侦察时被发现，敌人用机枪猛烈扫射，一个战友将我拉进了战壕，幸亏子弹只打穿了帽子。

解放临汾战役时，一天我骑马到前沿阵地执行任务，路上被敌机发现。敌机对我进行俯冲扫射，马受惊将我摔下来，我当即不省人事。前沿部队及时将我送到后方抢救后才脱了险。

1949 年，太岳分区部队参加了徐向前指挥的解放太原的运动战。太原解放后部队向西北征进，我任十八集团军一兵站站长（驻霍县）。后来因我腿部伤势复发，不能随军西进，于 1950 年 11 月转霍县政府工作，再后来到运城地方政府工作。1962 年 8 月到人民银行运城市（今运城市盐湖区）支行工作，直至 1992 年 1 月离休。

结束语

抗日战争时期，我参加八路军走上了抗击日军报效国家的革命征途，虽然多次负伤，但比起那些牺牲在抗日战场上的战友和革命先烈们，我微不足道。党和人民给了我很高的荣誉和很好的生活待遇，我很满足。最后将自己数十年来的所学、所历、所得写出来，与年轻一代共勉。附诗一首以表自己的心声：

慷慨丈夫志，铁石豪杰心；
身悬明镜里，眼放天宇间。
有志肝胆照，无私天地宽；
胸怀千里志，足踏万重山。
宁在直中取，不在曲中求；
挥洒豪杰胆，战地黄花开。
忠心尽职责，含笑话当年；
心中怀天下，誓死报国家。

（本文选自中红网）

八路军女情报科科长的抗战故事

文/赵勇田

林　一

抗日战争时期，在八路军前方总部情报战线上，有一位年轻的女情报科科长令人敬仰。她胆识过人，工作方法灵活多样，多次乔装打扮，深入虎穴。因工作出色，贡献突出，曾多次受到中共中央领导人和八路军前方总部首长的褒奖。她就是滕代远的夫人林一。

抗日战争时期，我曾是八路军驻豫北办事处主任兼太行军区第五分区情报处负责人王百评的警卫员，后又在北平情报站负责人之一的王岳石身边工作，耳闻目

睹了林一组织情报工作的突出表现。中华人民共和国成立后，我又因撰写《滕代远传》而有幸常常聆听林一谈当年的情报工作。现将林一担任八路军前方总部情报科和派遣科科长期间的传奇故事整理出来，以飨读者。

二十四岁的女情报科科长

为了适应抗日战争的需要，1940 年 10 月 20 日，中共中央社会部派出了七人工作组的小分队，奔赴地处晋东南的八路军前方总部开展情报工作。工作组成员有：组长林一（女，二十三岁），成员张箴（二十九岁）、林放（三十一岁）、孟寒月（二十五岁）、宗韬（女，二十二岁）、靳选清（二十三岁）、任道先（二十三岁）。

工作组一行，风尘仆仆，一路艰辛，东渡黄河，于当年 12 月 27 日抵达八路军前方总部驻地——山西省辽县武军寺村。日理万机的彭德怀副总司令到林一等人临时落脚的农家房舍看望。彭老总高兴地对他们说："一路上你们辛苦了，欢迎大家来晋东南地区工作。为了欢迎你们到达，今天晚饭我请客！"

情报工作组的人员不顾旅途的劳累，第二天上午在林一的主持下召开会议，研讨向首长汇报的内容。一天，时任中共北方局代理书记的彭德怀、野战政治部主任罗瑞卿、中共北方局组织部部长刘锡五听取林一等人的汇报。林一说："根据中共中央有关部门的决定，我们一行七人来到这里，主要任务是搜集敌伪军队、政府、警察、宪兵、特务的情报，了解打入我抗日根据地的敌特人员的踪迹，开展反敌特斗争，以保卫我党我军的安全。"她还指出："至于完成任务的方法，可以派人打入敌占区，潜入敌伪内部，长期埋伏，等待时机，也可在我根据地边沿地带设立情报工作网点和交通联络站点等。"

在场的几位领导人仔细听着林一的汇报，一致认为任务明确，方法得当，在当前开展此项工作有利于"知己知彼"。他们当场商议确定该工作组由彭德怀亲自领导，日常具体业务向刘锡五请示和联系。为了工作方便，其建制属前总司令部秘书处。林一、张箴、宗韬对外称秘书；靳选清、任道先任报务员，行政上归司令部第三科领导；林放、孟寒月二人被准备派往日军占领区开展情报工作。

情报工作小组经过半年多的努力，在对华北、华中、东北部分地区敌我态势和状况的掌握，挑选适合从事情报工作的干部，举办专业骨干训练班以及着手派遣工作等方面，都有了很好的进展。1941 年 7 月，左权副参谋长告诉林一，由他们几个人组建前总司令部参谋处情报科，对外称第二科，科长为林一，张箴、刘岱、路展等工作人员对外称参谋。

太行山抗日根据地处于日军、伪军、顽军等各种反动势力夹击之下，中国共产党所领导的抗日力量在复杂的斗争环境里求发展。在发展中有艰苦斗争，但他们始终贯彻发动群众的战略方针，坚持敌后游击战争。

1941年5月20日，中共中央军委决定，在各战略单位建立情报组织，要求前方总部、第一一五师、第一二〇师、第一二九师、冀中军区、新四军等成立情报处。之后，前总所在地区的太行军区一分区至五分区先后建立了情报站。这几个情报站的站长都是林一亲自选拔安排的。

1941年底，八路军前方总部情报处正式成立，处长由左权兼任，副处长是项本立。下设四个科，一科为派遣科，科长林一，科内有成员张箴、刘岱、路展、周光耀等；二科为情报科，科长魏国运，科内有成员柴军武、孙明远等；三科为技术侦察科，对外称新闻台，科长钱江；四科为爆破科，科长由项本立兼任。随后，八路军太岳军区、冀南军区、太行军区也先后建立了情报处。1942年5月25日，左权在战斗时牺牲，中共中央于8月25日调抗大总校副校长滕代远任八路军前方总部参谋长兼情报处处长。这时，林一任情报处第一科科长（派遣科科长），至1945年8月抗日战争结束。

情报网撒向敌占区

滕代远到职后，于1942年12月5日在前总所在地山西省左权县麻田镇主持召开前总第一次情报工作会议，林一为此次会议的筹备工作做了精心安排。八路军驻豫北办事处主任王百评（兼任太行军区第五分区情报处负责人）出席此次会议（我当时是他的警卫员，参加了会议的警卫工作）。会议开了四天，最后一天是滕代远参谋长讲话。后来我看到了他的讲话稿，他明确提出情报工作的分工和努力方向，确定了前方总部情报处主要任务是搜集战略情报，各军区、军分区情报处、站的任务是搜集战役、战术情报。前总召开这次会议后，林一向上级领导提出加强前总情报处工作的诸多建议。1943年2月，延安中共中央社会部派出李成、席一两人到前总情报处一科，协助林一从事派遣工作。

史料记载，抗战时期由八路军前方总部情报处直接派往日军占领区的干部和在敌占区发展的共产党员、可靠的进步人士约有一百七十人。在华北、华中、东北日军占领的大城市和伪军中建立了情报站、情报点、交通站、交通点，基本上形成了以华北为中心的地下情报工作网络，上下联络，畅通无阻。作为派遣科科长的林一对派遣人员的选择非常认真和细致。她不断在太行军区甚至全军范围内选人，并多次亲赴抗大总校去挑选合乎条件的干部。如1942年2月15日，林一抱着一摞干部档案材料到左权副参谋长办公室，汇报准备派出抗大六分校教育长姚继鸣潜伏敌占

区开展情报工作。

林一坐在左权办公室边看材料边说："姚继鸣有丰富的社会经历，在北伐战争中任过副师长，1936 年 12 月西安事变后参加了中国工农红军，多年在国民党军队里从事统战工作。他的老家在北平城内，有妻儿和住宅，熟悉当地的风俗习惯，亲友中有可利用的社会关系。"左权听完林一汇报后，当即将此事报告彭德怀批准。这年 7 月，姚继鸣在林一的指导下打扮成商人，办好在敌占区通用的"良民证"，在交通员王顺的陪同下离开总部，辗转数日，回到北平故里。

姚继鸣进入北平站住了脚，在西四路东开了一家水果店后，派王顺回总部向林一报告。此后，姚继鸣找到比他大五岁的胞兄姚养田，按林一指示的线索又找到东城骑河楼中西医医院的"郑院长"，让他在这所医院里给自己安排了一个管理员的职务。这时，姚继鸣通过邻居认识了驻河北遵化伪治安军的营长张鸣华，经向林一报告后，林一把派往青岛尚未站住脚的王文治、王伯彦夫妇安插在张鸣华属下。曾在抗大任过军事教员的王文治被安排在伪治安军第六团团部当帖写（文书）。王文治利用职务之便，搜集、整理了伪治安军第六团的人员编制、武器装备、驻地分布一览表，派王伯彦送回总部，受到总部首长和林一的表扬与奖励。

经过艰苦细致的工作，姚继鸣在北平建立了稳固的情报站，可靠的骨干有八人。他以自己开办的"谦祥号"水果店为掩护，家和水果店成了他地下情报工作的"办公"场所。当他找到在伪华北政务委员会实业总署矿业局任局长的表外甥李岐山后，及时报告林一，并通过李岐山得知了北平高层大汉奸们之间争权夺利的情况，以及中国矿产资源被运往日本的登记材料。

为了加强北平情报站的工作，林一又派出八路军一二九师作战科科长、曾毕业于日本士官学校的王岳石在北平建立了另一个情报站。王岳石利用父亲王文和亲友的社会关系，进了北平武装警察系统，当上了第七队的上校警衔队长（相当于大队长）。从总部派到王岳石身边的骨干人员有五人，我是其中之一，协助王岳石抄写情报并转送总部。几年间，王岳石紧紧掌控着这支武装力量，直至 1945 年 8 月日本投降。

此后，林一又挑选原冀南军区情报处副处长贾建国在北平建立了第三个情报站。在八路军当过团长的贾建国，到北平后选中大汉奸齐燮元为目标，做争取工作。当林一得知此情况后，向滕代远参谋长建议派前总情报处副处长申伯纯赴北平坐镇指挥。在一年多的时间里，虽然没有让齐燮元转变立场，但从他那里获得了许多重要情报，如日军、伪军战略变化的信息和各军头目的个人简况，这些都被及时送往八路军总部，发挥了应有的作用。

深入虎穴鼓士气

1944年10月初的一天，八路军前方总部参谋长滕代远要听取林一关于前总派遣人员分布情况的汇报。

林一在办公桌上摊开中国地图，按华北、华中、东北地区标出派出人员的职业、姓名、被派往的城市以及潜伏身份，各情报网、站、点的人数。她汇报说："北平姚继鸣情报站可靠人员有八名；北平贾建国情报站可靠人员有六七名；北平王岳石情报站可靠人员约有十人；河南开封郭有义情报站，郭有义本人混进开封契税局事务股当主任，身边可靠骨干八人；江苏南京徐楚光情报站，他是1927年加入中国共产党的党员、原抗大参谋业务教员，几经周折，混入汪精卫伪政权系统，身边的可靠人员有十余人之多，正准备策反伪军第三师师长钟健魂。"此外，林一还把山西太原，河北邢台、邯郸、石家庄、张家口，河南安阳、洛阳、郑州，天津，东北瓦房店及华东等地亲自指挥和联系的情报站（点）、交通站（点）的简况、人员一一做了汇报。

林一向滕代远参谋长、杨立三副参谋长报告情报工作概况后，提出要亲自深入日伪军占领区，代表总部领导检查情报工作，看望奋战在龙潭虎穴里的战友们。两位首长虽当场表示同意，但都担心她的安全问题。1944年11月5日，经过周密筹划，准备潜入敌占区的各种必要证件，确定行程和路线，安排好沿途交通站点派专人带路和转送后，由柏淑卿协助化装成大城市阔小姐的林一，迎着寒风和雪花离开了我们一起生活、战斗的所在地——山西省左权县麻田镇，李成、刘岱、徐双海和我在村边为林一送行。

林一出行的第一站是距离根据地最近的敌占区河南省安阳县城。她在那里听取了共产党员苏鸿伯开办茶庄并与伪军司令王自全结拜兄弟的工作汇报后，实地到达火车站棉布店与员工谈话，还会见了八路军豫北办事处主任王百评离任前换帖的兄弟、地方势力派、矿警队队长吴守正。凡她接触到的人，不论是我军派遣人员还是靠近我方的进步人士，都深受鼓舞。

第二站，林一风尘仆仆来到河南开封。潜伏在这座城市的郭有义情报站，就活跃在日本人的眼皮底下。郭有义的公开身份是开封税务局车站分所所长。林一在开封的活动，由郭有义负责安排。从根据地潜入开封的人都愿意和"娘家人"林一见面和谈话：经过红军长征的干部，和林一一起从延安到太行根据地、任八路军前方总部电台台长的靳选清，急于和林一会面；混入开封疫检所当事务员的张兰亭更愿意早日见到林一；刚从太行山根据地到郑州站稳脚跟的王贵，以及在洛阳多次获取

重要情报的人员，都希望见到从总部来的人。林一对刚被派到开封不久的曾洁光说：“开封是日军在中原地区的政治、经济中心，在军事上处于非常重要的战略地位，我们的人在这里搜集敌伪军事、政治、经济、文化情报，十分重要，任务光荣而艰巨。”林一对开封情报站已打入日伪政权、军队、警察、商业、铁路运输系统的骨干分子所作出的成绩表示满意。

林一乘火车顺利抵达北平，这里是她潜入敌占区的第三站。八路军前总情报处在延安中共中央社会部的安排下，在北平先后开辟了姚继鸣、王岳石、贾建国所领导的情报站。这几个情报站，虽然在一个城市里，但不可能像在根据地一样召开联席会议听取情况、交流经验，林一只能分别与他们见面和谈话。为了保证林一的安全，几个情报站负责人都做了周密安排。

林一落脚的地方是北平西城北沟沿后纱罗胡同七号，这里是共产党员郑平、王今英夫妇家。此地独门独院，房屋宽敞。而郑平在社会上又有一定的身份和影响。前方总部来人经常住在这里，非常安全。在古都北平城内居住了两个多月的林一，力争走到各情报站的主要点。她和姚继鸣漫步在中山公园松树林下交谈情况；和贾建国乘汽车在南苑一带观察日军的军事设施；与王岳石在中南海边走边交流情况，边逛公园边谈工作。

林一在北平期间，探访了前总情报处副处长申伯纯在北平长辛店的家，特意看望了从日军监牢里出来的姚继鸣夫人李玉盈，还分别走访了由太行山根据地派到北平工作的女战友朱烨、王伯彦、赵向明等人。王伯彦还把新制的一件旗袍亲手送给林一。姐妹见面，分外高兴，常常说个通宵。

其间，被派往天津的情报站和东北瓦房店情报点的负责人专程赶到北平向林一汇报工作，交流情况。

三个月的“出访”，林一冒着生命危险，纵身虎穴，视察工作，掌握了第一手材料，为总部首长决策提供了可靠的依据。在返程途中，她对陪同她返回总部的朱烨说：“中国人民关注的抗日战争到了战胜日本帝国主义的时候了，我这次敌占区之行收获颇丰，非常有意义。回到‘家里’我要仔细归纳，向总部首长提出有价值的、有利于抗日战争最后胜利的建议。”

1945 年 1 月下旬，林一回到了八路军前方总部情报处。就在这一年，中国人民取得了抗日战争的胜利。

（本文选自红潮网）

访八路军老战士孔庆珍

口述 / 孔庆珍　整理 / 孔　浩

孔庆珍，1928 年 10 月出生于峄城区榴园镇东匡谈村。1945 年 4 月参加革命，历任峄县县大队战士，台枣军分区教导队文书、侦察连文化干事、通信队指导员、政治部组织干事，空军飞行大队政委等职，在抗日战争、解放战争、抗美援朝中立下了不少战功。

1953 年孔庆珍在北京留影

报家仇雪国恨参加革命

孔庆珍老人说，他出生在“凿壁偷光”的一代名相匡衡的老家——峄城区榴园镇东匡谈村，父亲孔宪增是一位私塾先生，以课徒为业。1938 年台儿庄大战发生时，他刚十岁。他们兄弟跟着父母从老家一路向西逃难，经过焦山后、马山套、上郭家、下郭家，逃到了苏鲁交界处的韩庄一带，以讨饭为生，两个月后才得以回家。但此时的东匡谈村早已变了模样，房子被日军的炮弹炸塌烧尽，变成了一片废墟，

更有村人被日军杀害，据说是被牛夹板子夹死的，场景非常惨烈。少年的孔庆珍将这份国仇家恨放在心底，期待着有一天自己长大了能报仇雪恨。

孔庆珍的父亲孔宪增先生是附近十里八乡知名的文化人，早在抗日初期就已是八路军峄县县大队的地下交通员，经常利用自己的教师身份为游击队传递情报；孔庆珍的大哥孔庆怡、二哥孔庆彦曾利用在枣庄火车站车务段工作的机会，刺探枣庄日军的动态，及时为山区八路军送情报，孔庆怡还因此被日军特务逮捕过，后来两人都参加了峄县县大队，担任武工队队员；另外孔庆珍的近房本家叔叔孔宪启、孔宪海也都是武工队的指导员，常年在外打日军，对他的影响很大。因此 1945 年 4 月，十七岁的孔庆珍刚上完四年级，就再也不愿意在家里待着。于是，一个晚上，他没跟父母说，就在二哥孔庆彦的带领下来到了驻守在青檀寺北山后的大哥孔庆怡的部队——鲁南第三军分区第三武工队，当了一名光荣的八路军战士，从此走上了革命的道路。

孔庆珍老人说，那时候父母年迈，姐姐已经出嫁，两个哥哥参加八路打游击，两个弟弟还年少，父母就指望他在家里挑水、种地干活呢！特别是母亲，不愿意他干八路，怕有个三长两短，但自己还是义无反顾地参加了八路军。那时候他的想法很简单，就是打跑日军，过上安稳日子。

在部队中成长

孔庆珍老人说，参加革命后，因为自己有点文化，被安排负责队里的伙食账目等。那时候他的任务就是提前到要驻防的村庄（一般都是在黎明），联系村里的保长，安排武工队队员的伙食，并一一记账。枣庄地区的主食是煎饼，到了一个村子后，他就找人烙煎饼，做好武工队的后勤保障工作。其中记忆最深刻的一次就是，在陈湖村附近的一个村子，武工队队员们打完了一次胜仗，到了开饭的时间，保长却收不上来煎饼，结果把刚参加革命不久的孔庆珍急哭了。后来几经努力，才保障了战士们的伙食。老人还记得一次在枣庄城南某村，战斗后战士们缴获了日军的小半袋子糖精，但那时候大家都不知道糖精是什么东西，都以为是毒药，不敢尝。后来来了一位反战同盟的日本人，经他介绍这才得知是糖精，于是那几天队里喝水、吃饭都放糖精，再后来将糖精上缴到了司令部。

孔庆珍老人介绍，那时候武工队的主要任务就是武装侦察，相当于侦察连的性质，将情报上报司令部。活动区域东到苍山，西到临城，南到邳县，北到枣庄，经常是带着短枪昼伏夜出，说出发就出发，休息的地点不定，时间不定。当年武工队中最有名的是贺进年，外号“贺四”，勇敢机智，经常一个人装扮成农民、商人，到枣庄、峄县城里搜集刺探日军的情报，孔庆珍从他的身上学到了很多东西。

1946 年下半年，孔庆珍被选送到了设在南石沟的第三军分区教导队学习军事知识，主要是射击、投弹、刺杀、埋地雷等，并在教导队入了党。毕业后因为素质过硬，被留在了教导队担任文书，负责马夫、警卫、理发等事务的管理工作。没多久他又被调到了侦察连，担任文化干事。他说，就是从那时候开始，他配上了短枪“三把盒子”，心里非常高兴，一次还被领导派去邳县农村进行夜间独自侦察，走了十几里路，山坡上“鬼火”时隐时现，但他出色地完成了侦察任务，为后来的战斗打下了基础。可以说，鲁南战役中，孔庆珍所在的部队在外围的协助作战中起到了巨大的作用。1948 年，孔庆珍被调到了通信队担任连级指导员，下设骑兵排、电话排、通信排等，驻守在峄县城南门外的一个村庄，他这才抽出时间骑马回家看看。这是孔庆珍参加革命以来第一次回家，虽然其间好几次夜间行军时从老家村头经过，但他一直没能回家看望年迈的父母。

情系空军

淮海战役打响后，孔庆珍所在通信连的任务是在外围打邳县，他们配合主力部队扯电话线，出色地完成了任务。中华人民共和国成立后孔庆珍调任台枣军分区司令部组织干事，1950 年组建空军，他因为各方面优秀得以入选，当年台枣军分区仅此一人。1999 年播映的第一部空军题材的电视连续剧《凌云壮志》，反映的就是孔庆珍他们部队的故事，在播映之前剧组还专门邀请孔庆珍和战友们进行了研讨。

虽然离开部队多年，但老人依然情系空军，经常关注空军的发展，他说，那毕竟是自己为之奋斗过的事业。

（本文选自枣庄新闻网，有删节）

杜介厘：一个老兵的抗战传奇

文 / 衡元庆

杜介厘，1916年生，山东郓城人。1935年参加西北军第三路军，1937年底随八十一师参加对日作战，1939年参加八路军。

这位身经百战的老兵在抗日烽火中有着怎样难忘的经历？且看这一个一个他亲历的传奇故事……

1935年，十九岁的杜介厘从家乡出发，参军入伍，奔赴抗日第一线。

初战失利，死人堆里捡条命

1937年底，侵华日军加速了旨在灭亡中国的战略行动，占领平津的日军沿津浦线南侵山东。鲁西北重镇德州、省会城市济南相继沦陷，杜介厘所在的八十一师也从济南退守到单县一带。

这年的农历正月，为阻止日军继续南下，杜介厘所在的八十一师决定夺回汶上县城。事前侦察得知，城内只有日军矶谷师团一部约六百人，不料在行动前的头一天，日军增加了一千五百多人的兵力，形势突然变得严峻起来。子夜时分，杜介厘随八十一师三营三百六十多名战士摸到城下，攀上木梯翻越城墙。

杜介厘跟三营攻进城内后，沿着墙根往前冲，突进不到一百米就遭遇了日军猛烈的炮火阻截。顿时硝烟腾起，尘雾弥漫。日军"歪把子"机枪射出的子弹像雨点似的打来，身边的战士成片倒下。一颗子弹从杜介厘的指缝穿过，击中手臂，连着肉皮把手里的枪也击落下来。激战至翌日黎明时分，率队冲锋的旅长唐邦志见部队损失惨重，破城已无希望，只得下令撤退。

满腔义愤的杜介厘向日军射出了最后一发子弹，然后转身从死去的战友身上取下一颗手榴弹扔向敌群。日军的子弹在他身旁呼啸而过，墙上立即出现蜂窝状的窟窿。逼人的气浪持续地在耳中汹涌，同时撞击着他的胸口。当他咬紧牙关爬上城墙向下望时，才发现墙头离地面足有十米高，墙边的木梯断的断、倒的倒，不少士兵正往下跳，墙下横七竖八地躺着尸体，黑黢黢的墙石、黑黢黢的人体笼罩在一片稠厚的暗红色彩之中。杜介厘猫着腰继续向前挪，瞧准一堆尸体闭眼纵身跳下。他跌倒了，趴在那里不能动弹。约莫过了一阵，他竟摇晃着从死人堆里站了起来。这时，他才感到左手一阵剧痛，浑身上下像散了架似的，军服也被鲜血染红。

当晚，八十一师阵亡官兵八百余人。杜介厘所在的三营一连仅剩下十三人，全班只有他和另一名战士幸免于难，但都不同程度地受了伤。负伤挂彩的杜介厘不得不离开部队，回到山东郓城老家养伤。

机智报警，抗大师生虎口脱险

1938 年 4 月，日军占领郓城。伤势刚愈的杜介厘从家中翻出三支藏匿的步枪，在当地组织了一支抗日义勇队。不久，杜介厘和他的“游击队”利用地形成功地伏击了一小股日伪军，缴获一挺机枪和一批“三八大盖”，壮大了革命队伍。为了更好地打击敌人，杜介厘的“游击队”归入八路军东进支队，他先后被任命为区队长、八路军独立营二连连长。1941 年 2 月，组织上抽调杜介厘去抗日军政大学冀鲁豫分校学习。

抗大是共产党为培养抗日骨干力量而设立的专门教育机构，学员大多是各抗日根据地连以上干部，在抗日烽火中成长起来的栋梁之材。这面在抗日烽火中猎猎飘扬的光辉旗帜，为中华民族夺取抗战胜利作出了不可磨灭的历史性贡献。抗大冀鲁豫分校设有两个军事队、两个政治队和两个民运队，共有学员七百多人。当时的校长是朱志伟，政训部主任是袁孝汾，杜介厘所在的军事队队长是王凡。在抗大分校两年的培训期间，杜介厘不仅学到了基本的文化知识，领会了我党建立抗日民族统一战线的有关政策，还掌握了一些游击战术和军事技能。

抗大分校的教学条件非常艰苦：课堂就在野外的树林，黑板是向老乡借的门板，学员席地而坐，双膝一并放上背包就是课桌；墨水是用染布的蓝靛调制的，而笔则是用削尖的树枝或家禽的羽毛做成的。分校还时常受到敌军的袭扰。有一次，一小股日军趁着夜色前来偷袭，两名放哨的学员牺牲了，分校不得不经常转移，随时更换校址。

1941 年 5 月，分校转移到了东阿县绿豆村。当月下旬的一天夜里，杜介厘和山西籍学员吕凤山被安排到离村口一里地的哨位站岗。上岗前，杜介厘就提议不要蹲在预设的掩体内，而是要把哨位挪到十米外的枣树林里。拂晓时分，前方浓密的

高粱地里突然传来“沙沙”的响声，大片的高粱秆也不住地晃动。吕凤山起初还以为是刮风，而杜介厘则立即作出了机警的判断：“不对，这肯定是日军偷袭！你瞅咱们头上的枣树叶儿为啥一动不动？”话音刚落，七八个日伪军哗啦一下扑向哨位掩体，谁知却扑了空。趁敌人还未回过神来，杜介厘他俩就扔出了两枚手榴弹。随着两声巨响，高粱地里一下子冒出黑压压的一大群日伪军。“砰砰砰砰！”四下里顿时枪声大作。

激烈的枪声惊醒了正在村里熟睡的抗大师生。杜介厘与前来接应的军事队二百多名学员沉着抵抗，且战且退；四百多个敌人则紧追不舍，咬住不放。为了吸引敌人的火力，掩护其他学生安全转移，军事队有意朝另一个方向撤离。当撤至三里外的一个村庄时，队长王凡正打算重新集合队伍，这时冷不防一粒子弹突然袭来，击中了班长常凤达的头部，霎时血流如注。指导员扑上去想扶起他，也不幸中弹牺牲。于是王凡迅速将队伍带进村后的“青纱帐”里，才摆脱了敌人的追击。

事后，抗大分校专门就此召开了总结表彰会，杜介厘受到了校领导的口头嘉奖。

临危受命，突破日军“铁壁合围”

1942年初，从抗大毕业后的杜介厘回到部队，不久升任八路军冀鲁豫军区第二分区独立团侦察参谋。当时二分区辖鲁西南范县、鄄城等十二个县，各县都先后成立了抗日民主政府。

从这一年开始直到1943年底，抗战进入了最艰难的岁月。日军在华兵力的百分之七十五和全部伪军都用于对各抗日根据地展开更为残酷的军事进攻，并开展所谓的“治安强化运动”。这是日军从军事、政治、经济、文化各方面向华北抗日军民全面进攻的新阴谋，是敌“治安肃正”计划进一步的发展、“总力战”进一步的实施。敌人建马路、修据点、筑炮楼、挖封锁沟，并抽集机动兵力对我抗日根据地进行疯狂的“扫荡”，所到之处实行惨无人道的“三光”政策，企图歼灭我军、摧毁根据地军民的生存条件。加之华北连续干旱，一些地方颗粒无收，抗日军民忍饥挨饿，有时只能用野菜树叶充饥，根据地的斗争进入极其艰难的时期。其间，杜介厘所在部队战斗减员和自然减员都很大。

党中央毛主席指出，1941年以后抗日根据地的困难是“黎明前的黑暗”，鼓励全党全军增强团结、克服困难、积蓄力量、争取胜利，并且宣布了《关于抗日根据地土地政策的决定》《关于统一抗日根据地党的领导及调整各组织间关系的决定》和《关于领导方法的决定》，强调了必须彻底实行“精兵简政”，使战争的机构适应战争的形势，要求各个根据地都要展开大规模的“生产运动”和“整风运动”，指出这将会产生根本性质上的效果，使我党立于不败之地。为了应对这严峻的局面，根据地依据党中央毛主席的指示，军分区缩编为独立团，营精减为连，连精减为排。部队化整为零，以排为单位坚持开展游击战。

1943年10月12日，日军调集了三倍于我的兵力，对巨野、菏泽根据地实施“铁壁合围”战术。分区独立团团长杨育才、政委关圣志及两个连战士共三百余人，在安兴陷入了日军的重重包围之中。敌人出动骑兵，从四面八方气势汹汹地扑了上来。

独立团作战参谋马德担负起了指挥任务，他带领全体战士朝一个方向猛突。机枪、步枪、手枪一起发射，弹光闪闪，犹如海潮般轰鸣，好不容易打开一道口子，但马上又被两旁蜂拥而来的日军给堵上了。敌人密集的炮火在前方交织成了一张死亡之网，日军的骑兵也不时向突围的人群冲过来挥刀乱砍。不到10分钟，就有上百名战士倒下，没有突围出去一个人。马德也在组织第二次冲锋时身中数弹，壮烈牺牲。

眼看着日军逼得越来越近，包围圈缩得越来越小，剩下的战士即将遭受灭顶之灾，团长急忙叫杜介厘代替指挥。在这万分危急之际，杜介厘灵机一动，举起驳壳枪大呼一声：“各连以班为单位分散突围！”他护着团长、政委及警卫员，带头向日军的侧翼冲去。其他战士也纷纷调头，分别向四处突围。

杜介厘他们一口气跑了十里地，接连击毙两名追赶上来的日军骑兵，才逃脱这场大难。后来回部队清点人数，才知道这次突出重围的八路军战士只有四十三人。敌人的“铁壁合围”，充斥着雷霆与血腥，充斥着尖啸与惨叫，我二百多战士壮烈牺牲。而那来自石缝、来自泥土、来自断桩的轰然声响，将永远回响在杜介厘的耳畔。

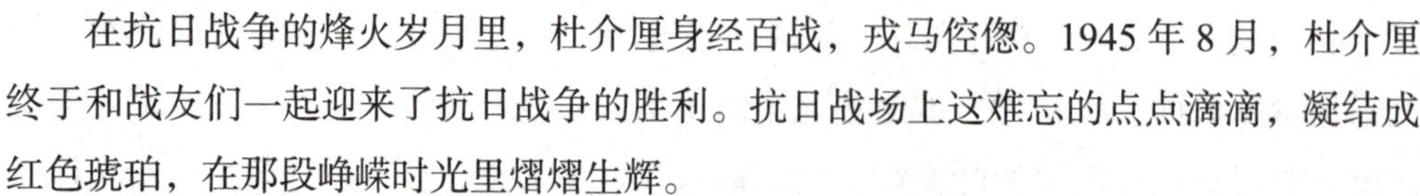

在抗日战争的烽火岁月里，杜介厘身经百战，戎马倥偬。1945年8月，杜介厘终于和战友们一起迎来了抗日战争的胜利。抗日战场上这难忘的点点滴滴，凝结成红色琥珀，在那段峥嵘时光里熠熠生辉。

（本文选自《红岩春秋》，有删节）

九死一生的八路军营长

文 / 江和平

张中如

1944年夏，延安迎来了抗战期间唯一踏上敌后根据地的中外记者参观团。9月21日，在八路军晋绥汾阳前线欢送记者参观团的大会上，美国记者福尔曼说："过去有人告诉我们，八路军不打仗、没有伤兵、没有捉住俘虏，这里的人民害怕并仇恨八路军。现在我们亲眼看见，八路军是打仗的，是有伤兵的，捉住了日军俘虏，人民是爱护和拥护八路军的……在中国已经证明了奋斗的精神与武器结合起来，就是最大的力量。"福尔曼亲眼看见的伤员之一就是英勇抗日的八路军营长、真正经历了九死一生的危重伤员、开国将军——张中如。

被日军的子弹穿透胸膛

张中如1919年出生于山西原平，1937年中断高中学业投入抗战中，先后在共产党领导的战动总会游击支队、暂编第一师、工人武装自卫旅任中队长、连长、代理营长、作战科科长，参加了一次次抗击日军的战斗。1942年初，他任八路军晋绥第八军分区（以下简称八分区）二十一团一营营长，同时任该地区对敌斗争领导小组副组长，组长是华国锋。张中如率一营与华国锋领导的区小分队相互配合，在山西交城、古交地区带领当地的军民开展抗日斗争。

日军在交城中部一个叫芝兰的村庄建立据点、控制交通，张营长率队数次在据点的交通要道上伏击日军，令敌损失惨重。1943 年 3 月中旬的一天，获悉日军将通过该交通要道的情报后，张营长带领一个多连在沟口山上设伏。清晨日军出现，兵力比情报中的要多。张营长命令集中火力突袭敌人，随后撤离战场。9 时，日军进入伏击圈，遭我军猛烈火力打击，一片混乱，随即倚仗兵力多、武器精开始反扑。张营长命令部队交互掩护后撤，正当他用望远镜观察敌情后准备转移阵地时，突然感到右胸遭受沉重一击，便失去了知觉。

张营长醒来时战斗仍在继续，明知敌人的子弹穿透了胸膛，但他依旧关注敌情变化和部队转移。营部医生刘耀泽给他做了简单的包扎，但他胸部伤口涌出的鲜血根本止不住，浸透了棉衣，流到棉裤上，导致心率增快、面色惨白、四肢冰冷、极度干渴。战友们背着他与部队一起撤离了战场，用树枝绑成简易担架，抬着他回到驻守的村庄。

华国锋、张新华团长和乡亲们得知后纷纷前来问候。预料到敌人可能会进行报复性反扑，团长指挥部队连夜转移。果然当晚日军包围了该村，结果扑空。张中如被隐蔽安置在大山深处护林人的两间茅草房里，医生刘耀泽、通信员李福田和炊事员王克勤负责看护他。山下的两名民兵担负了上山联络、报告敌情、运送食品与用品的任务。

被德国医生挽救了生命

在战友们的细心照料下，张中如调养了八九天，伤口逐渐愈合，生活恢复正常，大家都兴高采烈地准备重返战场。谁知一天半夜，张中如突然发高烧，昏迷了七天才苏醒。这是子弹穿透胸部时，火药连同棉衣的旧棉花、断裂的肋骨滞留在他胸腔，导致胸腔化脓感染。大家心急如焚又束手无策，刘耀泽是部队简单培养的医生，能力有限，又无药物，除了用淡盐水清理伤口表面，煎一些自采的中草药外，只能扭过头去偷偷地落泪。

命悬一线的张中如高烧咳嗽、口吐脓痰、呼吸微弱、水米难咽、无法睡眠、骨瘦如柴，连翻身的力气也没有。如此危重的伤情换作平常人可能就一命呜呼了，但张中如正值年轻力壮，性情既坚定又平和，竟奄奄一息地支撑着。就在这危急时刻，一次奇遇挽救了他的生命。

帮助中国人民抗战的德国医生汉斯·米勒在回延安的路上途经八分区，八分区领导告诉他：身负重伤的张营长在山上已经生命垂危了。米勒医生不顾身体欠佳和旅途劳累，立即在雷声参谋的陪同下骑马奔上山来。晚上 11 时米勒赶到张中如床

米勒医生

前，一边向刘耀泽询问伤情，一边检查伤口，用汉语说：“必须马上做手术。”

在密林中的茅草房里，米勒为躺在担架上的张中如做了开胸清创手术。没有严格的消毒措施，没有任何麻醉药物，仅有若明若暗的四个手电筒和几支蜡烛照明，米勒用随身带来的医疗器械，将张中如左侧后背子弹出口处切开，清腐排脓。

一个多小时的手术，战友们有的举着手电筒和蜡烛，有的摁住张中如的身体，听着刀剪切开皮肉、清理碎骨的声音，真是心如刀绞。张中如完全清醒地忍受着痛苦，一动不动，一声不吭。这是何等的折磨！没有坚定的信念和刚强的毅力，是无论如何也挺不下来的！

手术结束了，米勒用尚未清洗干净的双手捧着清除出来的腐肉和碎骨对张中如说：“你看，我已经把你伤口肋骨间的感染组织清理了，插了排脓管，这样就容易排脓了。”

由于没有吸引器和消炎药，张中如胸腔内依旧残留着脓液。米勒嘱咐说：“要尽快买个排球或篮球球胆，吹球胆帮助排脓。没有球胆前先用吹小铜号代替。”说完，米勒乘着夜色离开。

张中如开始试吹小铜号，因不会用力脓液逼不出来。两天后，战友从敌占区买来排球内胆，这个好吹多了。张中如除了吃饭、睡觉外，整天都在吹球胆。他用力吹一下，脓液就从伤口挤出来一点，虽然一吸气又回去一些，但总是能排出来一些脓液。

米勒回到八分区后向领导提出：要尽快将张中如转到后方医院治疗。

真实经历的九死一生

5月上旬，张中如接到去贺家川的晋绥军区后方医院治疗的通知。从芝兰到贺家川约二百公里路程，除了山高沟深，还要通过敌人的封锁线。次日清晨，张中如在战友的护送下，离开居住了近两个月的大山密林，于下午来到八分区的驻地——关头村。正在开会的军分区领导和战友们纷纷前来慰问，后勤部门为他更换了血脓印迹斑斑的破旧铺盖，补充了路上所需的纱布、棉花、酒精等。晚上，八地委书记兼分区司令员、政委罗贵波看望时告之：同去陕甘宁边区执行任务的两个连队将掩护张中如通过敌人的封锁线。

日军占领山西方山县城后，在陕甘宁与晋冀鲁豫之间的必经之路设了戒备森严的封锁线。第三日午后，张中如随部队出发，于黄昏到达封锁线附近。晚上 10 时，连长派侦察员确认敌人没有埋伏后，便率队静悄悄地通过了封锁线。刚通过不久，突然背后枪声大作，原来是警戒部队撤离时被日军发现，但敌人再怎样都为时已晚。

经过数天的跋山涉水，张中如等人终于到达黄河边上的晋绥军区后方医院。刘耀泽向医院介绍了张中如的伤情后返回部队，李福田留下照顾张中如。张中如依旧不停地吹球胆，但脓液还是排不净，医生决定给他做手术扩创排脓。术后脓液日益减少，伤口开始愈合，大家都很高兴。

但在伤口接近愈合时，突发的高烧昏迷、口咳脓痰再次向张中如袭来。医生只有再次手术，切除了一根肋骨，清理出八盘脓血，插入了一根更粗的排脓管。术后医生隔日给张中如清理一次排脓管和伤口，反复拔出的管壁破坏了刚刚长出的肉芽组织，每次清理伤口都是一次煎熬，他强忍痛苦，满怀希望。就在排脓管越插越浅，伤口越来越小之时，希望再次破灭，高烧昏迷、口咳脓痰恶魔般再次来临，医生不得不再次给他做手术。这样的恶性循环反反复复，张中如在后方医院前后做了七次手术，切掉了左胸三根肋骨，排脓管越换越粗、越插越深，创面越来越大，周围的瘢痕组织像软骨一样坚韧。

依旧没有全身麻醉药品，即便是开胸手术、切除肋骨也仅仅只有表皮麻醉。常人难以忍受的胸痛、腹痛，溃烂得越发严重的褥疮，恶臭脓液招来的成群绿头苍蝇，折磨得极度虚弱的张中如日不能安、夜不能寐。一天，他的左胸突然整体塌下去，右胸明显地隆起来，胸椎骨偏移侧弯。这是由于左肺坏死萎缩，心脏和气管被挤歪，整个胸部变得畸形。人们常用“九死一生”来形容状况的险恶与危难的众多，张中如经历了一次负伤、一次密林中的手术、七次在医院的手术，所经历的正是真实意义上的“九死一生”。

战友的真情支撑他活下去

人非圣贤，铁打的汉子也有柔弱的一面。最初的几次手术，坚定的张中如信心满满地挺直腰板面对，期盼好起来。但一年多来的八次开胸手术，一次次希望变成失望，使他也变得烦躁不安了：没有药物，只靠自身的抵抗力怎么战胜如此重伤？

一次次的恶性循环，何年何月是个尽头？战友们在抗战中争取最后的胜利，自己还能不能熬到胜利的那一天？二十五岁的小伙子，头发掉光了，瘦骨嶙峋，每天面对的只有屋顶与墙壁……就在他情绪极为低落时，战友们的真情温暖了他的心，支撑着他坚定地活下去。

在与伤痛作斗争的日子里，张中如要感恩的人很多：汉斯·米勒医生、刘耀泽医生、辛劳的医护人员、抬着他翻山越岭的战士……最令他感恩的是一直无微不至地照顾他的通信员李福田。两年时间里，李福田不厌其烦地给他喂水喂饭、擦洗身体、清洗褥疮、端屎端尿、体贴入微、耐心规劝。为了给张中如调剂胃口，他学着做香辣味的臭豆腐，使长期卧床的张中如多吃了几口饭。一次张中如忐忑不安的时候，李福田说："伤口总是会好的，你一定要往好处想。我有个比我小四岁、非常可爱的妹妹，我很喜欢她，你也会喜欢的。等你的伤好了，我一定让她嫁给你。"

那时在后方医院接受治疗的都是重伤员，大家相互给予精神上的鼓励。晋绥军区司令部参谋朱琦是朱德总司令的儿子，因脚骨负伤住院，是张中如的"话疗"伙伴。他给张中如讲述了自己的曲折经历，还常架着双拐、哼着抗战小调，把消息传给伤病员，是个有名的"无事忙"和消息灵通人士。

通信参谋高铭生与张中如同在三十六团战斗过，因左前臂贯穿伤住院治疗。他吊着伤臂看张中如，开玩笑说："你看我负伤的部位多好，流血少也光荣。看你多倒霉，负伤后受这么大罪。"张中如被逗笑了："是呀！你运气好，负伤都找好部位。我运气不好，命中注定要受这场皮肉之苦。"没想到高铭生出院后仅一个月就在战斗中牺牲了。张中如心中万分悲痛：铭生同志，我的好战友，这回你不是流血少，而是为人民流尽了最后一滴血！

张中如的老同学、团参谋长李克林和老战友张世昌等同志受重伤被送医院，均因抢救无效光荣牺牲。张中如与他们近在咫尺，却未能一见，非常难过。医院外面有一块地势略高的滩地，是在此牺牲伤病员的墓地，一块块简陋的石碑上，刻着逝者的姓名、职务和部队。张中如离开医院前，躺在担架上前来吊唁，与长眠在此的亲爱的战友们告别。

人不该死总有救

1944 年 5 月底，张中如负伤已经一年多，仍无好转的迹象。院长祁开仁对他说："根据你的伤情，我们决定送你到延安白求恩国际和平医院去治疗，那里的条件要好些。"医院准备了一副有四条短腿的担架，李福田带着换药的用品。一同前往的还有晋绥军区调查局局长周怡夫妇和他们十一岁的女儿小林。

从贺家川到延安有近千里的路程，沿途多是崇山峻岭、千沟万壑，抬担架的人小心翼翼地抬着张中如前进。上山时前面的人压低身段，后面的人尽力举起担架，下山时反之。走到多石路段或河床险滩，难免会脚下打滑，闪失时有发生。张中如被绑在窄窄的担架上不敢大意，双手紧紧地抓住担架两侧的木棍，一会儿头高脚低，一会儿头低脚高，一会儿向左倾斜，一会儿转向右侧。一路上还遭遇了三场降雨和数次沙尘暴，李福田在旁边扶着担架，把伤口盖得严严实实，不让雨水和尘土侵蚀。

他们先沿着黄河西岸走了七八天，然后转向西南方向。黄河岸边美丽的景色令人心旷神怡。张中如长期躺在病房看不到外面的一切，突然来到了广阔天地之间，如诗如画的景色使他心情愉悦，清爽新鲜的空气滋润着他的肺腑，令他精神焕发。沿途是陕北苏区，每天轮换着抬担架的民工多是原赤卫队员或红军游击队员，一路上讲述在这一带的战斗故事，高歌一曲陕北风格的红军小调，说说笑笑、纵情欢畅。周怡夫妇嘘寒问暖，可爱的小林跑前跑后，更是乐趣无限。

经过二十多天的跋山涉水，一行人到达延安白求恩国际和平医院。走进宽阔的院门，迎面是一座雪白的大影壁，上面写着医护人员的《十要十不要》守则。院内环境整洁，树木花草也多，约二百张床位的石砌窑洞整齐地排列在山坡上，在八路军官兵眼中这是个了不起的大医院。

张中如被热情地安置进病房，鲁子俊院长立即来看望他，并惊讶地发现张中如胸腔中的脓液不见了。等了十天，又一个月，高烧昏迷、吐脓痰的恶性循环再没发生，凹陷很深的伤口渐渐开始愈合。正如张中如所说："人不该死总有救。"历时一年多之久、经历八次手术、切除三根肋骨的伤痛，令人不可思议地不治而愈了！医生们认为这是由于二十余天山路的上下颠簸、左右摇摆，使残留在胸腔中的脓液全部排干净了。这是"担架引流排脓治疗法"的功劳，堪称医疗史上前无古人、后无来者的疗法！令人无法预测也难以效仿的疗法！这一疗法创造了举世无双的医学奇迹！

边区的大生产运动使医院的生活条件大为改善，不少老战友来看望张中如，还带来了自己生产的慰问品。马海德和米勒医生来看望张中如，张中如真诚地感谢米勒医生的救命之恩。米勒说："你现在的任务是加强活动锻炼，早日痊愈。"在床上躺了这么久的张中如全身软得像棉花，虚弱得连坐都坐不住。在战友的帮助下，他像幼儿一样学着坐稳、学着站立、学着走路。

迎来抗战胜利与重返战场

1945 年 2 月，张中如近两年的伤势基本愈合，除了腰部不能转动外，可以手执拐杖慢慢行走了，被安置到陕甘宁晋绥联防军干部休养所休养。

休养所位于延安城北门外的大砭沟，与联防司令部和美军观察组隔延河相望。这里没有医务人员，仅有工作人员和炊事员，有伤病可到四千米外李家坬村的延安中央医院诊治。三四十位伤员住在依山而建的窑洞里，屋里除了床铺被褥外，配有两屉桌和木条凳，还能看到边区印刷的报刊文件，了解到二战在欧洲战场和亚洲战场捷报频传的时局。休养员们来自四面八方，大家在一起有说不完的话。休养所的伙食较好，利于大家的身体恢复。与以包瑞德上校为首的美军观察组有关的两件事，使大家很感兴趣：一是每天隔延河观看美军观察组释放用于气象观察的大气球；二是到驻美军的大院里，观看露天电影。

8 月 15 日夜晚，张中如正与战友们“话疗”，突然远处传来了一阵高过一阵的欢呼声：“日本投降了！”“我们胜利了！”“抗战胜利万岁！”“人民胜利万岁！”十四年的浴血奋战，无数人的前赴后继，这令中国人民无比喜悦和激动的不眠之夜终于来到了！

疗伤两年后，张中如的身体基本恢复，生活可以自理，被任命为晋绥军区司令部作战科科长。他带着战友们的祝福，迎着中华人民共和国的曙光，踏上了新的革命征程。中华人民共和国成立后，张中如任河南省军区政委、总参二部政委、部长等职，当选为全国人大代表，被授予少将军衔。

（本文选自《上党晚报》，有删节）

九十二岁老八路回忆与日军拼杀场景

口述/王书波　整理/旷　昊　李文华

王书波

王书波，河北景县人，1938年3月参加八路军，1940年9月加入中国共产党。入伍后，先后参加抗日战争、解放战争和四川剿匪战斗。抗战期间，曾参加了冀南抗日根据地反“扫荡”战斗和百团大战等。

敌人追击，我军身处险恶处境

1942年4月29日，日本华北派遣军总司令冈村宁次在山东德州指挥日军对山

东省附近的二十多个县进行“大扫荡”“大包围”。“由于日军武器装备比我们好，为应对敌人的‘扫荡’，我们和日军展开了游击战，白天日军进攻，晚上我们出来袭扰，当时战斗非常激烈，我们很多战士都牺牲了。”随着时间的推移，敌人的包围圈越缩越小。

6月29日，时任敌后工作站干事的王书波跟随一支二百多人的队伍转移到了山东省武城县县城旁边的一个小村庄。刚站稳脚，敌人就追过来了。

“为了确保伤病员的安全，我们组织力量，利用地形和敌人展开了激战。”6月30日下午6时左右，日军再次发动大规模进攻，但前进三十米后便被我军击退。随后，日军在猛烈的火力掩护下，向我军阵地冲来，情况十分紧急，我军轻重机枪一齐开火，集中打向日军火力点。“就这样，我们跟日军对峙了一夜，到天亮时，我们也面临弹尽粮绝的险恶处境。”

挥起大刀，和敌人展开肉搏战

紧要关头，天公作美。7月1日早晨，原本晴朗的天空突然刮起了大风，整个村庄沙尘飞扬，几米外看不见人。当时，几个指挥员商量决定，利用沙暴作掩护，发挥大刀的优势，组织战士和敌人进行肉搏战。“我们爬到了距离敌人几米远的地方。此时，李营长挥动着驳壳枪高喊‘打胜仗，杀日军，向党的生日献礼，冲啊’率先跃出战壕，向敌人冲去。随后，大家齐喊着口号，扑向敌军。当时，我军、日本兵、伪军都搅在一起，展开惨烈的肉搏战，大家杀红了眼，没有枪声，没有炮声，只有怒吼声和刺刀捅进胸膛的‘扑哧、扑哧’声，杀声喊声震天动地……”

“当时，我们都是抱着拼个你死我活的心态和敌人拼杀。主要领导干部冲在最前面，见到敌人就跟敌人打起来了。”有一个敌人端着刺刀就对着王书波刺来，王书波用力挥舞着大刀从后往前抡了一圈，再向前一刺，一刀刺中了敌人。“整场战斗，我刺死了三个敌人，但我的手臂被敌人刺伤了。经过四十多分钟的激战后敌人逃了。”王书波回想起来情绪激动，恨不得能回到过去多杀几个敌人。

在这场战斗中，我军两百多人最后只有三十几个人活下来了。王书波回忆着，眼中闪起了泪花：“在收拾战场时，看到有很多人是抱着日本人死的。打扫完战场后，已经是晚上的七八点钟了。”王书波表示，当晚总结会上，三十几个人还面向党旗宣誓了。由于当时条件非常艰苦，这面党旗就是在一间房子的墙壁上，画了一块三米大小的方框，再在方框里画了一个党徽。“当晚，李营长在总结会上说：‘我们以实际行动向党递交了一份优秀的答卷。’”

（本文写于2012年，选自国防部网，有删节）

八路军守兵工厂：战士肠子流出与日军同归于尽

口述/郝维烈　整理/弯云龙　王亚平　卜金宝

郝维烈，山西沁源人，1923年生，1938年3月入党，同年10月参加八路军。参加过百团大战、平汉战役、保卫黄崖洞等战役战斗，屡立战功。

十五岁加入共产党

郝维烈1923年12月出生于山西沁源榆坪村，祖辈都是纯朴本分的农民。父亲弟兄三人，父亲排行第三，大伯鳏居一生，可怜二伯父十五岁时竟被野狼吃了。全家有父母、妹妹加上大伯共六口人，土坯房三间，旱地十五亩，山林地三块，以务农为生。正常年景尚可糊口，灾荒年粮食不够吃，只得靠借贷为生。有一年大旱歉收，春节将临，家中存粮无几，几近断炊，父亲便向地主家求借，不但没有借到，反遭辱骂训斥，全家人非常气愤，看透了地主老财的黑心。

1937年七七事变爆发，日本侵略者的铁蹄践踏到他的家乡，乡亲们流离失所，饥寒交迫。

七七事变

“我亲眼看到了国民党军队溃退南下、八路军北上抗日，地下组织进行抗日活动的情景。”郝维烈说。他从国共两党对待日本侵略者和老百姓的不同态度上，辨认良莠，选择道路，树立起跟着共产党闹革命的决心。他当了儿童团团长，站岗放哨，宣传抗日，引起党组织的关注。1938 年 3 月，十五岁的他秘密加入了党组织，走上革命道路。后来，郝维烈从入党介绍人那里得到《论持久战》《共产党宣言》两本书，如获至宝，爱不释手。从此，他更加坚定了跟着共产党走的信念。

伯父侄子竞相从军

近朱者赤。随着革命形势的发展、我军实力的壮大，郝维烈萌发了“扛起枪，上前线，打日军”的念头。他四处奔波，多方求情，一心一意要参军，一门心思上前线。但他毕竟是个十几岁的娃娃，又是郝家唯一的男孩，家里人说什么都不愿让这个“独苗”出走，于是紧紧地看着他。郝维烈就以出去看姥姥为由，偷偷找到八路军，好说歹说留在部队，当了一名勤务员。

郝维烈参加八路军后，他五十多岁的伯父郝鹏举费尽周折找到了侄子郝维烈，可侄子说啥也不回去。没有办法，郝鹏举找到带队领导说：“维烈要是不回去，那我也待在这里，我会做饭。”于是便留下来当了炊事员。

他们这段“伯父侄子竞相从军”的趣闻，一度被传为佳话。

怀里的书被鲜血染红

1941 年秋，“扫荡”太行根据地的日本兵进驻关家垴，准备取道归巢。八路军得到情报后，乘着夜色摸到敌人的眼皮子底下将敌包围，不料被日军发现，战斗由此打响。在八路军总部特务团二营当卫生员的郝维烈始终坚守在救护伤员的岗位上。

战斗的第二天，敌机狂轰滥炸。郝维烈所在的救护所离重机枪火力点只有十几米，突然一颗炸弹在救护所和重机枪火力点之间爆炸，重机枪手当场牺牲，郝维烈被炸出十几米远，晕了过去。地里的谷茬子穿透了他的衣服，刺破了他的皮肉，他揣在怀里的《论持久战》《共产党宣言》被鲜血染红。郝维烈醒来后的第一句话就是：“我的书呢？我的书呢？”看到两本书后，他又投入激烈的战斗。

拼死抵抗八天八夜

1941 年 11 月，约五千装备精良的日军气势汹汹地向我太行根据地黄崖洞袭来，企图摧毁我兵工厂，截断我军武器弹药的供给来源。

根据地兵工厂在生产手榴弹支援抗战

为粉碎敌人的企图，我军拼死抵抗，战斗尤为惨烈。郝维烈回忆当时的情形说："南口，是进入兵工厂的必经之地，地势险要，峡窄谷深，蜿蜒千米，两侧高峰对峙，一边是绝壁，一边是瀑布，仰视'一线天'，俗称'瓮圪廊'。我军构筑了坚固的工事，占据着有利地形，打退敌人十多次冲击，打死打伤一百多个日本兵。气急败坏的敌人，动用了山炮、燃烧弹和掷弹筒。突然，一发炮弹击中了我七连阵地，连长当场牺牲。还有个战士腹部受伤，肠子都流出来了，他坚持用一只手捂住流出来的肠子，另一只手持枪射击，最后拉响手雷，与敌人同归于尽。"

郝维烈动情地说，这次战斗我军拼死抵抗八天八夜，以一个团的兵力歼敌一千多人，创造了以少胜多、以劣势装备战胜优势装备的奇迹。

现在，战争的硝烟早已散去。郝维烈经常向驻地的学生和干休所工作人员讲述这段历史。他告诫说："天下虽安，忘战必危。我们不能忘记历史，要格外珍惜今天来之不易的幸福生活。"

（本文选自《解放军报》）

八十五岁抗战老兵张金科：十五岁扛起枪上战场

口述 / 张金科　整理 / 汤锦瑶　金　辉　邱洪新

十五岁入伍，“小不点”很想家

张金科是陵城区周家村人，生于 1930 年。从记事起，他就目睹了日本军队在侵华战争中制造的惨绝人寰的恶行，一直期盼着自己能够快些长大，为村子里被杀的村民们报仇。

1945 年 6 月，年满十五岁的张金科与村里的小伙伴们相约一起加入了八路军。“那年，我们村里四五个‘小不点’一块儿入伍参军。”

张金科说，虽然部队就在自己家附近，但集训时大家都住在一起，年龄还小，经常想家，“一想到要消灭日军时，谁也不想家了。我们第一次打仗攻打的是当时的陵县南门，虽然在打仗之前我们经过了训练，但是我才十五岁，拿着枪往前冲时，心里还是害怕。当时有一个老兵拿着炸药去炸南门时，我的心都揪成一团儿了，我们这几个新兵蛋子都不敢再往前冲，你看看我，我看看你，就听‘轰隆’一声，南门被炸开了。大家一看门炸开了，冲锋号也吹起来了，我们谁也不害怕了，都喊着‘冲啊’往前跑”。虽然已经八十五岁，但回忆当年的事情，张金科还记忆深刻。“一个晚上，终于把南门攻打下来了。三四十日本兵子都（被）打跑了。”说起当年打日军的经历，张金科依然很兴奋。

一起入伍的战友都牺牲了

“最让我难过的是，一起入伍的战友们都牺牲了。”张金科难过地说，“打仗多年我做过最大的官就是班长，我们班里一共十二个人。每打一次仗都有牺牲的人，然后部队再补给人员力量。伤亡最惨的时候，就是去济南打日军的那次，班里还剩下四个人。再补给的时候我发现，一起入伍的小伙伴全都牺牲了。”张金科连声叹息。“我们草草地将战友埋了以后又加入了新的战斗，心里那个恨啊，真恨不得千刀万剐了日军。”张金科说道。“只可惜，他们用的机枪，而我们用的步枪，武器相差太远了。眼见着身边的战士一个个倒下，自己越来越着急，就不顾一切地往前冲。”张金科说，当时的战友们都身负着国仇家恨，不顾枪林弹雨一块儿往上攻，“日本兵们看到我们都杀急眼了，吓得往回退。”

1945年8月中旬，还在济南打仗的张金科听到日军投降的消息时，高兴地举着枪欢呼。“当时全城都放起了鞭炮。高兴啊，大家伙都抱在一起，我当时瘦啊，我被战友搂得紧紧的，骨头都快碎了似的。”张金科回忆道。

“我只是做了自己想做的事”

“当年我做的事是我自己想做的，把日军打跑了，也完成了自己的心愿。”对自己曾经立下的功劳，张金科表现得很谦虚，甚至有些低调。“年轻的时候，还愿意给孩子们讲讲过去的事，后来年龄大了，也不愿意再说那些事了。”

张金科老人说，当年自己做了想做的事情，这辈子都不再遗憾。国家现在发展得好，老百姓的日子过得也舒坦，现在还有很多领导不但想着还来看望自己这个老兵，他觉得自己很知足。

（本文选自德州新闻网，有删节）

王亢将军回忆抗日战争：利用汉奸打日军

文/王　妍

王　亢

1937年4月，北平西直门火车站，王亢初次和白乙化见面。白乙化点头微笑着向王亢说的第一句话就是："你几时来的？"也是从这句话开始，白乙化引领王亢走上了革命的道路。

作为八路军中独一无二的"知识分子团"中的一员，王亢打击日军的战术出神入化。他曾利用汉奸传递假消息，打了漂亮的伏击战，让日军心惊胆寒。

探访：几十年前的标语更清晰

在密云冯家峪镇西口外村山体的裸石上，"杀日军给东北同胞报仇才是好男儿”“不给日军卖力气”等标语是当年白乙化、王亢等人留下的。

几十年过去了，这些标语并没有随岁月流逝而风化消失，反而因为不断被后人反复描摹，字迹越发清晰起来。

冯家峪南湾子伏击战的旧时战场，树木盘踞在山上，空地上长着野草。山脚下，“还我河山”的纪念碑巍然耸立，这个遗址已经成为密云著名的爱国主义教育基地。当地村民介绍，当年王亢就在一棵大槐树底下的大坑里指挥战斗。

故事：加入“知识分子团”擅打游击战和伏击战

1939年底，白乙化领导的华北抗日联军正式改编为八路军晋察冀军区十团。这是八路军中独一无二的“知识分子团”。团中指战员大多是七七事变前后平津一些大中学校的学生响应党的号召而投笔从戎的。这个团排以上干部几乎都是大中学生，许多班长也是大学生，王亢任一营营长。

1940年12月15日清晨，王亢在密云冯家峪南湾子，率领一营伏击撤往县城的日军哲田中队。当日军进入伏击圈后，王亢举枪击毙日军军官。

枪声就是命令，一营战士一齐开火。哲田中队的士兵是老兵，战斗力很强。经过短暂的慌乱，日军散开队形，伏在河边、大石头后，进行顽抗。战斗异常激烈，战至下午4时，增援的日军赶来，王亢下令部队撤出战斗。

冯家峪战斗击毙九十多个日本兵，开创了平北抗日根据地消灭日军的新纪录。

但是，在胜利面前，王亢却高兴不起来。因为这一仗，一营有六十七名指战员牺牲。战友的鲜血和牺牲，使他陷入深深的思考。经过几天的认真思考，王亢向团长白乙化总结了伏击敌人时战斗命令以暗号为号；伏击阵地尽可能靠近敌人；予敌以严重杀伤后再收缴武器，避免无畏牺牲三条伏击战经验。

战术：利用汉奸传递假消息击毙二十三个日军

1941年4月15日傍晚，一个农民打扮的中年人走进了密云康各庄村伪乡长家。这个伪乡长是个铁杆汉奸，八路军做过很多工作想把他争取过来，可他很顽固，不仅刺探八路军情报出卖给日军，还暗中恫吓老百姓。想要除掉这个汉奸并不难，但是王亢和大家商量后，觉得不能便宜了他。

让伪乡长又是倒茶又是递烟的其实是王亢安排的敌工人员。这名工作人员悄声告诉伪乡长，明天拂晓时区领导人在白道峪村召集各乡、保长开会。要求他提前布置，保证会议和区领导安全，并且不能走漏风声，尤其不能让日本人知道。伪乡长一口一个“是是”“那当然……”

但当敌工人员离开后，伪乡长立刻拉开后门，拔腿朝日军的据点跑去。他心里

的小算盘是“正愁没情报孝敬皇军，这次说不定还能混个一官半职”。

半夜时分，二十多个日本兵和三十多个伪军悄悄地快速扑向白道峪村。到了村口，狡猾的日伪军没有马上进入，而是在村子的四周埋伏了起来，想张网捕雀，等区领导进村后再动手。

殊不知日伪军的一举一动都在十团的监视之下。日伪军刚刚出动，王亢和冯克武、方城等就带着四个连的战士，借着夜色的隐蔽，悄悄地跟上日伪军，埋伏在了白道峪村周围的三面山上。

王亢之所以选择白道峪村作为诱敌上钩的场所，是因为这里条件优越：全村有一百户人家，十团在这里已有一定的基础；山上长满了荆丛和一簇簇野生花椒树，此时已经发芽变绿，易于隐蔽；这里三面环山，爬上任何一个山头，村里的情况都一览无余，是个易守难攻的好地方。

从夜里等到天空泛白，日伪军却一直没见有人来。等得不耐烦了，他们便从隐蔽地爬起来进了村子，挨家挨户地踢门，将全村男女老少赶到村中央的平地上，由日本小队长训话。

王亢见时机已到，马上用事先准备好的旗子发出了一个“打”的信号，战士们一边射击一边扑向山下的日军。日伪军遭到如此猛烈的突然攻击，一时不知所措，乱作一团。

整个战斗持续不到二十分钟。当太阳爬上山头的时候，二十三个日本军全部被击毙，三十多个伪军中二十一个被击毙、三个被生俘、其余跑掉。八路军无一伤亡，还缴获了二挺机枪、二支短枪和三十多支步枪。

听到日伪军被全歼的消息，正在家里做着美梦的伪乡长知道日本人不会轻饶他，赶紧溜之大吉。

（本文选自《法制晚报》）